법 좀 아는
언니

일러두기

* 유튜브 채널 '이웃집 변호사'를 운영하는 세 명의 여성 변호사가 모여 집필하였습니다. 이 책의 일부 내용은 유튜브 채널에 영상으로 게시되어 있으니, 해당 페이지에 삽입된 QR코드를 참고해 주세요.

* 이 책은 2021년에 시행되는 법 기준으로 작성되었으며, 본문의 법 조항은 법제처(www.law.go.kr)를 따랐습니다.

법 좀 아는 언니

이웃집 변호사

김하영×신명진×임주혜 지음

크록

출간 제의를 받고 "우리가 진짜 하고 싶던 이야기잖아!"라며 흥분하던 기억이 떠오릅니다.

우리는 고민을 가까운 사람에게 털어 놓고 의논하는 일에는 익숙하면서, 법적인 문제가 생기면 해결할 방법을 몰라 당황하는 경우가 많습니다. 혹은 '내가 법과 연관될 일은 없을걸?' 하고 관심조차 두지 않았을지도 모릅니다. 제도적인 문제에 접근하는 게 까다롭거나 어렵다는 선입견이 있을 수도 있습니다. 법은 전문가들만이 다룰 수 있는 일이라고 생각하면서요. 하지만 우리 주변을 잘 살펴보면 법과 연관되지 않은 것은 없답니다. 단지 우리가 미처 깨닫지 못했거나 의식하지 못했을 뿐이지요.

저희의 출발점은 이처럼 제대로 알지 못해서 법으로부터 보호받지 못하거나 피해를 입은, 혹은 해결에 어려움을 겪는 분들에게 도움을 주고 싶은 마음에서 시작되었습니다.

공동 저자인 '이웃집 변호사'는 오늘을 살아가는 여성들이 일상, 연애, 직장, 부부 사이, 온라인 등에서 꼭 알아야 할 최소한의 생활법률을 꼼꼼하게 짚어 이 책에 정리했습니다. 불편한 일을 겪을 때, 막막한 상황에 처했을 때, 이 책을 한번 펼쳐 보세요. 저자들 역시 여성으로서, 일하는 엄마로서 살아가고 있기 때문에 이 책은 여성들의 삶 가운데 발생하는 문제들에 관한 필수 지식과 상세한 문제 해결 방법을 이웃집 언니처럼 알려 주고 있답니다.

저자들은 이 책이 공정한 법 앞에서 누구나 당당히 바로 설 수 있도록 든든한 지지대가 되기를 소망합니다. 우리 사회의 여성에 관한 법과 제도들이 발전해왔음에도, 법을 모르거나 해결 방법을 몰라서, 도움을 청할 길을 몰라 피해를 보는 일이 없기를 바라면서요. 이 책이 독자들의 방에 놓일 한 권의 방패가 되었으면 합니다.

끝으로 저희 유튜브 채널 '이웃집 변호사'가 많은 여성과 이야기하고 싶던 주제들을 갈무리하도록 기회를 주신 크루 출판사와 담당자 신수빈 대리님께 깊은 감사를 드립니다. 아울러 일하는 엄마들에게 늘 활력 비타민이 되어 준 우리 아이들에게 사랑하는 마음을 보냅니다.

2022년 1월 여러분의 '이웃집 변호사'

김하영, 신명진, 임주혜

신명진 변호사

이 책의 <평범한 일상생활을 할 권리>, <즐거운 연애생활을 할 권리>를 쓴 신명진 변호사는 누구보다도 마음이 따뜻하고 연대 의식이 강한 여성입니다. 일상생활에서 친구들이 겪는 일에 진심으로 공감하고 함께 분노할 줄 아는 사람입니다. 서로가 서로에게 빛이 되어 주기를 희망하며 변호사가 되었습니다.

김하영 변호사

이 책의 <당당한 직장생활을 할 권리>를 쓴 김하영 변호사는 노동법 박사과정을 수료한 노동 전문변호사이자 두 아들의 엄마입니다. 로펌에서 여러 산업영역에서 발생하는 괴롭힘, 성희롱 문제들을 다룬 경험이 있고, 무엇보다 같은 당사자로서 직장에서 여성이, 엄마가 겪는 어려움을 누구보다 잘 이해하는 변호사입니다.

임주혜 변호사

이 책의 <행복한 부부생활을 할 권리>, <건전한 인터넷 생활을 할 권리>를 쓴 임주혜 변호사는 두 아이의 엄마이며, 현재 강의와 방송 활동을 하고 있습니다. 대기업과 정부 기관에서 쌓은 풍부한 실무 경험을 바탕으로 실질적인 해결책을 현실감 있게 알려 주려고 하며, 상대방에게 긍정 에너지가 전달되도록 노력하는 변호사입니다.

PART 2   즐거운 연애생활을 할 권리   ✕✕

PART 3　당당한 직장생활을 할 권리　　×××

평범한 일상생활을 할 권리

×

PART 1

신명진 변호사

제1장

주택 임대차의 모든 것

임대인 A씨와 임차인 B씨는 2019년 1월 1일부터 2020년 12월 31일까지
로 기간을 정하여 보증금 3억 원에 주택 임대차 계약을 체결했다. B씨는
계약갱신을 하기 위해 2020년 9월 20일경 A씨에게 문자를 보내 "계약을
2년 연장하고 싶다."라는 의사를 표현했다. B씨는 월세를 밀리거나 부당
하게 전대차를 주거나 목적물인 주택을 고의 과실로 파손한 적도 없었다.
한편 A씨는 2020년 8월 1일 위 주택을 C씨에게 매도하고 2020년 11월 1
일 앞으로 소유권이전등기를 마쳤다. 그러면서 B씨에게 "C씨가 주택을 매
수하여 직접 살고자 하니 계약갱신요구를 들어줄 수 없다."라고 답변했다.
이럴 경우 B씨는 아무런 대책 없이 나가야 하는 걸까?

01. 임대차 계약서 작성하기

임대차 계약서를 먼저 봅시다. 정해진 양식이 있는 것은 아니라서 당사자 의사에 따라 자유롭게 써도 되지만, 대부분 공인중개사가 마련한 통일된 양식을 사용합니다. 셀프 계약하는 분들을 위해 법무부에서 마련한 표준계약서가 있지요. 무엇보다 중요한 것은 임대인의 신분을 확인하는 일이에요. 신분증과 등기사항 증명서를 통해 임대인이 부동산의 소유자가 맞는지, 소유자가 아니라면 적법한 임대 권한이 있는지 확인하세요. 그럼 임대차 계약의 핵심 내용을 살펴볼까요?

〈계약서에 꼭 들어가야 할 사항〉
① 목적물이 되는 부동산
② 임대차 기간
③ 보증금과 월세의 액수 및 지급 시기

이렇게 세 가지 내용이 반드시 확정되어야 해요. 보증금을 계약금, 중도금, 잔금으로 나누어 지급하기로 한 경우에는 그 액수 및 지급 날짜도 적어야 하겠죠.

그 외에도 〈특약사항〉이란 명목으로 기타 모든 합의 내용을 기재할 수가 있어요. 가압류나 근저당이 있는 경우 잔금 전까지 말소해 주되,

해결되지 않으면 계약을 해제하거나 어떤 식으로 배상을 해주겠다는 취지를 정할 수도 있습니다. 임대차 계약 존속 중 발생하는 수리 및 비용 부담에 대해서 사안에 따라 누가 부담할지 등을 미리 정하면 좋아요.

예를 들어 난방, 상하수도, 전기시설 등 임차주택의 주요 설비에 대한 노후·불량은 임대인이 부담하는 것으로, 임차인의 고의 또는 과실로 인한 파손과 전구 같은 간단한 소모품 교체는 임차인이 부담하는 것으로 정할 수 있어요. 처음부터 해석에 따른 분쟁의 여지를 막기 위해 "수리비 10만 원 미만은 임차인이, 10만 원 이상은 임대인이 부담한다."라고 정해 놓는 경우도 있으니 참고하세요.

부동산등기부, 같이 보면 쉬워요

02. 부동산등기부 보는 법

가까운 등기소나 법원 인터넷등기소 사이트http://www.iros.go.kr에서 누구나 쉽게 열람할 수 있어요. [부동산] 탭의 [열람/발급하기] 메뉴 중 [열람하기] 메뉴로 들어갑니다. 부동산 구분을 선택하고 주소를 입력하거나 지도로 찾을 수도 있답니다.

부동산등기부는 크게 **표제부, 갑구, 을구**로 나뉘어 있어요.

① 표제부: 부동산의 소재와 물리적 특성에 대해 기재된 곳 건물일 경우 지어진 날짜, 층수, 주재료 등 확인 가능

② 갑구: 소유권에 관한 사항이 기재된 곳

③ 을구: 소유권 외의 권리관계가 기재된 곳

먼저 **갑구**를 통해서는 소유권 변동을 알 수 있답니다. 소유권이 변동된 사유가 무엇인지 상속, 증여, 매매 등 변동 시기는 언제인지 순차적으로 기록되어 있어요. 맨 아래쪽에 기재된 사람이 최종 소유권자이므로 현재 소유자와 임대인이 일치하는지, 다를 경우에는 임대인이 등기부상 소유자로부터 적절한 위임 권한을 받은 사람인지 확인하면 됩니다.

간혹 부동산 매수인이 최종 소유자로 등기가 되기 전에 임대차 계약을 먼저 하려는 경우가 있는데, 아직 완전한 소유권을 취득한 것이 아니므로 신중히 판단해야 돼요. 잔금 지급일까지도 임대인이 소유권을 확보하지 못해서 부동산을 넘겨주지 못하는 문제가 생길 수 있기 때문이에요. 또한 현재 소유자에 대해서 압류 기록이 많을 경우 채권자가 많다는 뜻이고, 보증금이 확보되지 않을 위험성이 있으므로 주

의하는 게 좋아요.

그다음은 소유권 외의 권리가 표시되는 **을구**를 살펴볼까요? 편의상 '소유권 외의 권리'라고 말했지만, 엄밀히 말하면 '소유권 외의 물권物權'에 관한 사항을 기재하는 곳이에요. 물건에 대한 권리는 종류와 내용이 법으로 딱 정해져 있어서 사람들이 마음대로 물권을 창설하거나 개조하지 못해요. 저당권, 지상권, 지역권, 전세권 등을 등기할 수 있어요.

주택 임대차라면 부동산을 담보로 대출을 받은 내역이 있지는 않은지 '근저당 설정'을 유의 깊게 보면 됩니다. 다음에 설명할 '확정일자'는 후순위 권리자보다 우선하여 보증금을 변제받을 수 있다는 뜻이므로, 그보다 앞서서 근저당권 등 권리를 가진 사람은행 등이 있다면, 내 보증금 회수권이 밀릴 수가 있겠죠! 대체로 채권최고액과 본인의 보증금을 합한 금액이 부동산 가격의 60~70%를 넘으면 위험하다고 판단합니다. 최초 계약 시와 잔금 지급 시에 부동산에 관한 권리관계가 달라질 수 있으니 등기부 등본은 항상 최신 것으로 확인해 보세요.

03. 임차인의 기본적인 권리: 대항력과 우선변제권

우리가 임대차 계약서를 작성하고 나면 바로 동사무소에 가거나 등기소 사이트를 통해 **확정일자**를 받죠. 확정일자는 해당 날짜에 임대차 계약이 체결되었다는 것을 공적으로 확인받는다는 의미가 있어요. 이렇게 하는 이유는 임대차 계약을 한 날 이후에 해당 주택에 근저당권이 설정되거나 후순위 권리자가 들어왔을 때, 그것보다 우선해서 보증금을 지키기 위해서예요.

앞부분에서 부동산등기부에는 물건에 관한 권리를 기재하고, 물권은 법으로 정해져 있다고 했어요. 우리가 통상적으로 '부동산 전세 계약'을 체결할 때 세입자가 갖게 되는 권리는 법으로 정한 '전세권물권'이라기보다 개인들이 합의로 만들어낸 계약상 권리에 불과해요. 따라서 세입자가 보증금을 내고 임대차 계약을 하더라도, 그 임차인의 권리는 부동산등기부에 기재되지 않는 것이죠. 이론적으로만 보면 임대차 계약상 세입자의 권리는 부동산등기부에 기록해서 다른 사람들에게 공시하지도 못하고, 임대인에게만 주장할 수 있는 것이 돼요. 그래서 특별법을 만들어서 물권에 준하여 강력하게 보호받을 수 있도록 근거를 마련한 거예요.

또한 「주택임대차보호법」에서는 임대차 목적물인 주택의 소유자가 바뀌더라도 임차인이 계약 기간에는 안정적으로 거주할 수 있도록, 새로운 소유자가 임대인 지위를 모두 승계하도록 규정하고 있어요. 즉 임대차 계약 기간이 존속하는 중에는 소유자가 바뀌더라도, 비록 임대차 계약의 당사자는 아니지만 임대인과 똑같은 권리 의무를 부담하도록 한 거예요. 따라서 임차인은 임대차 계약 기간이 종료될 때까지 부동산을 인도할 의무가 없고, 임대차 계약 종료 시에는 새로운 소유자를 상대로 보증금반환청구를 할 수 있어요.

04. 계약 만기 후 보증금을 못 받고 있다면

원칙적으로는 임대차 계약 기간이 끝나면 세입자는 임대차 목적물인 건물을 비워주고, 임대인은 세입자에게 보증금을 돌려 주어야 해요. 양측의 이러한 행위는 동시에 이루어져야 합니다. 만일 임대인이 보증금은 주지 않으면서 집만 비워 달라고 한다면, "보증금 주면 그때 열쇠 드릴게요."라고 할 수가 있는 거죠. 이런 주장을 **동시이행 항변권**이라고 하는데, 상대방이 자기 의무를 할 때까지 자기 의무 이행도 거절할 수 있는 권리이기 때문에 계약 기간 만료 후에도 부동산을 계속 점유하더라도 위법한 게 아니에요. 그만큼 중요한 무기이므로 보증금을 받을 때까지 함부로 방을 먼저 비워주면 안 됩니다. 다만 실제로 사용 수익을 하고 있다면 월세에 상응하는 돈은 지급해야 해요.

그런데 다른 사정이 있어서 새로운 주거를 얻어야 하는데, 계속 보증금을 받지 못하고 있을 경우가 문제가 되겠죠. 일단 계약 만기 1개월 전까지는 계약을 종료한다는 의사를 밝혀 두세요. 형식에 제한은 없지만 추후 입증을 대비하여 문자메시지나 녹음, 내용증명 우편 등으로 해 두면 좋아요.

법적으로는 **임차권등기명령**을 신청할 수 있어요. 임대차보증금은 부동산등기부에 기재되는 물권이 아니기 때문에 부동산등기부를 열람해도 나오지 않아요. 하지만 이 등기명령 제도를 이용해서 등기부에 기재할 수 있답니다. 그럼 이사를 하더라도 대항력과 우선변제권을 유지할 수 있어요. 이때, 임차인은 임차권등기명령 관련 비용을 임대인에게 청구할 수 있어요.

만약 임대인이 계속 보증금을 반환하지 않을 경우에는 일반 채권과 마찬가지로, 민사소송을 제기하거나, 조금 더 간편한 방법으로는 지급명령 신청을 할 수 있어요. 사실상 법원을 통한다는 점에서는 거의 유사합니다. 민사소송에는 시일이 오래 걸릴 수 있으나, 채무자는 소장을 받은 날부터 12%의 지연이자가 가산된 금액을 지불해야 합니다. 판결이 확정되면 판결문을 집행권원으로 해서 채무자임대인의 재산에 강제 집행하여 보증금을 회수합니다.

05. 임차인의 계약갱신청구권과 임대인의 갱신 거절권

2020년 12월 「주택임대차보호법」이 개정되면서, 임차인의 계약갱신요구권이 큰 화두로 떠올랐죠! 임차인의 **계약갱신요구권**은 원래 기존에도 있던 제도인데, 법 개정으로 조금 더 보완되었어요. 먼저 임차인은 기존 계약을 갱신하려면 임대차 계약 기간이 끝나기 6개월 전부터 2개월 전까지의 기간 안에 갱신 의사를 표시해야 해요. 계약갱신요구권은 1회에 한하여 행사할 수 있고, 2년이 연장됩니다. 그래서 최초 2년 보장 + 갱신 기간 2년이 보장되는 것이죠.

다만 임차인세입자이 ① 2기 이상의 차임을 연체하거나, ② 거짓이나 부정한 방법으로 임차하였거나 ③ 임차한 주택을 고의 과실로 파손하는 등의 잘못이 있으면 계약갱신요구권을 행사할 수 없어요. 임대인직계존비속 포함이 주택에 실제로 거주하려는 경우에도 임대인은 계약 갱신을 거절할 수 있어요. 임대인이 직접 거주를 이유로 갱신을 거절한 후 해당 주택을 공실로 남기는 것은 문제가 되지 않지만 제3자에게 임대한다면, 기존 임차인은 손해배상을 청구할 수 있어요.

임대인 역시 임대차 계약 기간이 끝나기 6개월 전부터 2개월 전까지 사이에 갱신 거절의 통지를 하거나, 계약 조건을 변경할 수 있어요. 만일 위 기간 동안 아무런 의사 표현을 하지 않으면 전과 같은 조건으로 다시 임대차한 것으로 보게 됩니다^{묵시적 갱신}. 묵시적 갱신은 임차인의 계약갱신요구에 의한 갱신과는 구별됩니다. 이때도 임대차 존속기간은 2년으로 보지만, 임차인은 언제든 계약을 해지할 수 있어요. 임대인 입장에서는 묵시적 갱신이 되지 않도록 해당 기간 내에 임차인과 의사소통을 잘해야겠지요.

06. 주택임대차분쟁조정위원회 활용하기

무사히 계약을 마치고 입주한 후에도 세입자로 살아가면서 임대인과 겪게 되는 곰팡이, 누수, 소음 문제 등 다양한 분쟁이 생길 수 있습니다. 간혹 능력 좋은 공인중개사가 계약 이후에도 이런 문제를 중재해주는 경우도 있지만, 세입자가 임대인과 직접 연락하여 문제를 해결하기는 쉽지 않지요. 이럴 때 활용할 수 있는 것이 서울, 수원, 대전, 대구, 부산, 광주에서 운영하는 '주택임대차분쟁조정위원회'^{https://www.hldcc.or.kr/}입니다.

임대인 또는 임차인이 분쟁 조정을 신청할 수 있으며, 조사관이 현장 답사와 법률 점검을 거쳐 조정 회의를 진행하고 조정안을 결정합니다. 양 당사자가 이 조정안에 이의제기하지 않으면 조정이 성립되고, 이는 법원의 판결과 같은 효력을 가지게 되지요.

제2장

원룸 계약하기

미용을 전공한 후 유명 디자이너 숍에 취직하게 된 20세 헤어디자이너 P씨. 신나는 기대와 부푼 꿈을 안고 첫 직장으로의 출근을 준비하는데… P씨는 이른 새벽 출근하고 온종일 서서 일하는 탓에 직장 가까이에 원룸을 얻기로 했다. 직접 여기저기 발품 팔며 곰팡이는 없는지, 물은 잘 내려가는지 확인하고 드디어 마음에 드는 집을 발견했다. 나중에 문제가 되는 일은 없을지, 혼자서도 똑똑하게 계약하려면 무엇을 확인해야 할까?

01. 여성 혼자 살기 두려운 세상, 안전한 원룸 구하기

원룸을 구할 때는 무엇보다 안전이 제일이죠! 원룸은 물론 현관문에도 안전장치가 적절하게 달려 있는지 확인하고 필요할 경우 보조장치 등을 요구하세요. 건물 입구를 밝혀주는 조명이 없어서 입구가 어둡다면 구청에 민원을 제기하는 것도 좋은 방법입니다. 특히 1층에 위치한 원룸을 알아본다면 방범창살은 필수예요. 밖에서 문을 열 수 없는지도 확인하세요. 건물을 둘러볼 때 1층과 각 층 사이사이, 엘리베이터에도 CCTV가 설치되어 있고 적절히 작동하는지 살펴보세요.

서울시를 비롯한 자치단체에서는 원룸, 오피스텔에서 벌어지는 각종 침입범죄로부터 안전한 건축 환경을 만들기 위해 **범죄예방 우수 건물 인증제**를 2016년부터 도입해서 진행하고 있어요. 원룸방범인증제, 안심원룸인증제 등 유사한 이름을 갖고 있는데요, 원룸을 구할 때 인증마크가 부착된 원룸을 우선으로 고려하고 마크가 없다 하더라도 위에 나열한 평가내용을 기준으로 참고하면 좋겠어요.

02. 불법 원룸, 방 쪼개기

원룸 임대차 계약서를 작성할 때는 목적물이 몇 층이며, 몇 번째 방인지를 잘 확인해야 돼요. 특히 원룸이라고 나온 매물 중에는 소방시

설, 주차장을 마련하는 대신, 임대 수입을 늘리기 위해 방 개수를 늘려 '고시원'으로 신고하기도 해요. 즉, 불법 개조하는 방식으로 꼼수를 부리는 경우에 해당하죠. 소방 관련 부서나 구청에서 불법 개조시설임을 알고 원상 복구 명령을 내리게 되면, 계약 도중 갑자기 방에서 나와야 할 수도 있어요. 부동산등기부 외에도 '건축물대장'에 위반건축물이라는 점이 나와 있는지 반드시 확인해 보세요.

건축물대장은 건축물에 관한 정보가 나와 있는 서류입니다. 해당 건축물이 언제, 어디에서, 어떤 방법으로, 어떤 목적으로, 어떤 형태로 지어졌는지 공적으로 기록해 둔 문서지요. 대한민국 정부민원포털 정부24 사이트www.gov.kr에서 간편하게 열람할 수 있어요.

불법 개조 원룸이 문제가 되는 경우는 또 있어요. 상가건물이라 하더라도 실질적으로 주거용으로 사용하였다면 「주택임대차보호법」에서 마련한 대항요건을 갖추어 그 지위가 보장될 수 있어요.

① 실제로 입주하고 주민등록상 전입신고를 하면 건물 소유자가 바뀌더라도 임대차 계약 기간이 존속하는 한, 그 건물에서 지낼 수 있다.
② 계약서에 확정일자까지 받으면 혹시 그 후에 건물이 경매에 넘

어가더라도, 그 날짜 이후로 건물에 대한 권리를 가지게 된 사람보다 우선해서 보증금을 확보할 수 있다.

문제는 불법 개조된 원룸이나 다가구주택을 임차한 경우 단순히 지번만 기재해서는 이러한 보호를 받지 못한다는 점이에요. 몇 층, 몇 번째 방인지 호수를 반드시 확인해서 기재하도록 하세요.

03. 집주인이 방에 마음대로 들어올 수 있나요?

간혹 임대인집주인이 건물 관리 명목으로 혹은 새로운 세입자에게 방을 보여주기 위한 목적으로 원룸 거주자의 의사를 묻지 않고 방에 들어오는 경우가 있습니다. 임대인이 건물과 방의 소유권을 갖고 있기 때문에 괜찮다고 생각하고 넘어가기도 하지요. 하지만 실제 거주하고 있는 사람의 의사에 반해서 들어온 것이라면 이는 **주거침입죄**에 해당할 수 있습니다. 주거침입의 죄가 만들어진 이유는 그 공간을 평온하게 점유하는 상태, 즉 프라이버시를 보호하기 위함이죠. 주거침입죄를 통해 보호하고자 하는 권리는 건물 소유권이나 합법적인 점유권과는 조금 다르답니다. 그러니 건물 주인이라 하더라도 임차인의 의사를 묻지 않고 함부로 방에 들어가면 안 되는 거예요.

×

제3장

교통사고, 똑똑하게 대처하자

30대 남성 J씨는 출퇴근 시 공유형 전동 킥보드를 이용한다. 자차 운전을 하지 않기 때문에 자동차 종합보험에는 따로 가입한 적이 없지만, 운전면허는 소지하고 있다.

그러던 어느 날, 인도와 차도의 구분이 명확하지 않은 길가에서 전동 킥보드를 운전하고 가다가 차도를 횡단하려던 70대 노인과 부딪히는 사고를 내고 말았다. J씨는 바로 경찰서와 119에 신고하여 피해자를 구조하였고, 경찰 조사를 받았다.

그런데 피해자 측과 치료비와 기타 명목으로 합의금을 논의하던 중, 피해자의 아들이 갑자기 합의할 의사가 없다며 연락을 끊어버리는 게 아닌가. 결국 J씨는 피해자와의 합의에 실패하고 벌금형을 선고받았다.

01. 사고 발생 시 대처 방법

교통사고 발생 시 즉시 정차해야 합니다. 사고 확인 후 교차로 등 혼잡한 곳이라면 인접한 장소로 차량을 이동합니다. 부상자가 발생한 경우 즉시 119에 연락하고 경찰과 보험사에 사고를 신고합니다. 또한 피해 차량일 경우 사고 차량의 네 바퀴 밑과 노면 흔적, 유류품 위치 등을 표시하여 증거를 확보해야 합니다. 사고 후 필요한 조치를 취하지 않으면 「도로교통법」 위반죄_{사고 후 미조치}로 처벌될 수 있으니, 함부로 사고 현장을 벗어나면 안 돼요.

만일 자신이 가해 차량이고, 인명피해가 있는 경우에는 피해자를 구하지 않고 자리를 벗어나서 사고를 낸 자가 누구인지 정확히 알 수 없게 하면 「특정범죄 가중처벌 등에 관한 법률」 위반_{도주차량}으로 처벌받을 수 있어요. 교통사고는 후유장해가 발생할 확률이 높기 때문에 단순히 눈으로 확인하고 극히 하찮은 상처라고 판단해서 현장을 함부로 떠나면 '뺑소니'가 될 수 있으니, 반드시 피해자를 구조하고 자기의 인적사항을 알리도록 하세요.

02. 교통사고에 적용되는 기본 법률 지식

형사문제와 관련해서는 「도로교통법」, 「교통사고처리 특례법」, 「특정범죄 가중처벌 등에 관한 법률」, 「형법」 등이 있고, 민사문제와 관련해서는 「자동차손해배상 보장법」, 「민법」, 「상법」 등이 있습니다.

먼저 교통사고가 접수되면 조사관이 배정됩니다. 담당 조사관은 현장 조사를 하는데 이때 본인과 변호인 또는 보호자가 입회할 수 있으며, 본인에게 유리한 증거를 제출하거나 목격자가 참관하는 것도 가능합니다. 피해자와 목격자는 '진술서'를 작성하고, 피해에 관련된 진단서 등을 제출합니다. 가해자는 '참고인 진술서'를 작성하거나, 지위에 따라서 '피의자 진술조서'를 작성하게 됩니다.

피의자가 되는 경우는 이후에 이야기해 볼게요. 조사가 완료된 후에는 경찰은 사건에 관한 의견을 붙여 관할 검찰에 조사 결과를 송치하고 가해자와 피해자에게 통지합니다. 가해자와 피해자는 검찰 송치 이후 **교통사고 사실확인원**을 신청할 수 있는데, 민원24 사이트를 통해 발급받을 수 있어요.

03. 공소권 있는 사고와 공소권 없는 사고

「교통사고처리 특례법」에서는 원칙적으로 종합보험에 가입해 있거나 피해자와 합의를 한 경우에는 형사처벌을 받지 않게 되어 있어요공소권 없는 사고. 여기서 종합보험은 치료비와 손해를 전액 보상하는 보험 또는 공제를 말하기 때문에 전액 보상이 안 되는 책임보험만 가입한 때에는 처벌이 가능한 사고가 되는 거예요.

그런데 12가지 중대한 교통사고를 일으킨 경우에는 피의자가 피해자와 합의를 했더라도, 종합보험에 가입되어 있더라도 공소 제기를 면할 수 없어요. 그 외에도 ① 사고 후 도주뺑소니한 경우와 음주측정을 거부한 경우피해자와 합의를 했다 하더라도 ② 피해자가 사고로 인해 불구가 되거나 난치병에 이르게 된 경우종합보험에 가입되어 있다 하더라도 처벌을 면할 수 없어요.

여기서 12가지 중대한 교통사고는 무엇일까요? 신호 위반, 중앙선 침범, 과속, 앞지르기/끼어들기 위반, 횡단보도 침범, 음주운전, 무면허 등 가해자가 사고를 일으킬 만한 중대한 잘못이 있는 경우를 말해요. 자세한 내용은 다음과 같아요.

- 신호 또는 지시 위반 사고
- 중앙선 침범 또는 고속도로 횡단, 유턴, 회전 위반 사고
- 과속제한속도 20km/h 초과 사고
- 앞지르기 또는 끼어들기 위반 사고

· 철길건널목 통과 방법 위반 사고

· 횡단보도 보행자 보호 위반 사고

· 무면허 운전 사고

· 주취음주운전 사고

· 보도침범 또는 보도 횡단 방법 위반 사고

· 승객 추락 방지의무 위반 사고

· 어린이보호구역에서 과속으로 어린이 상해 사고

· 화물 추락 방지 미조치 사고

04. 도심 속 고라니, '전동 킥보드'

요즘 공유형 전동 킥보드가 널리 퍼지면서 안전성 문제가 대두되고 있어요. 최근에는 법령이 개정되어서 전동 킥보드 운전자도 반드시 **안전모**를 써야 하며, 보도인도로 다닐 수 없도록 하는 등 '차'로서의 정체성을 분명하게 하는 추세예요. 새로운 탈것에 대한 규제의 공백이 존재하였다가 무면허, 동승자 탑승, 안전모 미착용, 과로나 약물 등 운전에 대한 처벌을 새로이 마련한 것이죠. 특히 보험가입 여부나 피해자 합의 여부와 관계없이 **5년 이하의 징역형 또는 2천만 원 이하**의 벌금형을 받을 수 있도록 한 점이 인상적인데요, 앞서 말한 '중대한 교통사고'의 하나로 규정된 것으로 이해하면 되겠죠?

시행 규정	위반 시 범칙금
원동기 면허 이상 소지자만 운전 가능 (만 16세 이상)	10만 원(만 13세 미만은 보호자에 부과)
안전모 착용 필수	2만 원
2인 이상 탑승 금지	4만 원
음주운전 금지	10만 원
측정 불응	13만 원
신호 위반, 중앙선 침범, 보도주행, 보행자 보호위반	3만 원
지정차로 위반(상위차로 통행)	1만 원

개정 「도로교통법」(2021.05.13. 시행 기준)

05. 교통사고 발생 시 합의서 작성 요령

교통사고로 인해 가해자가 형사 입건된 경우, 앞서 말한 12가지 중 대한 범죄이거나 사고 후 도주한 경우가 아니라면, 피해자에게 사과하고 원만한 합의를 통해 **공소권 없음 불기소처분**을 받을 수 있습니다. 현실적으로는 적당한 수준의 합의금을 주고받는 절차가 되겠지요. 이렇게 되면 검찰 단계에서 수사가 종료되고 법원의 재판으로 넘어가지 않게 돼요.

합의서는 특별히 정해진 양식은 없으며, 다음의 내용을 기재 및 첨부하면 됩니다.

① 가해자와 피해자의 성명, 주민등록번호, 주소, 전화번호 등 인
   적사항

② 가해 차량 특정

③ 합의 내용

④ 신분증과 인감증명서, 위임장대리인이 합의할 경우

합의사항을 기재할 때는 다음의 내용을 참고하여 작성하면 됩니다.

① 사고발생일시를 특정

② 가해자와 피해자가 원만히 합의한 사실

③ 형사합의 외에 민사상 손해배상청구를 더 이상 할 수 없다는 사실

④ 가해자의 형사처벌을 원치 않는다는 사실처벌불원의사

⑤ 합의금의 액수 및 지급 방법, 이미 지급했다면 영수확인내용 등

한편 보험사가 있는 경우 가해 차량 운전자는 **채권양도통지서**를 함께 작성하게 됩니다. 일반적으로 채권자가 자기 채권을 다른 사람에게 넘기는 경우에 이러한 사실을 모르는 채무자가 구채권자에게 채권을 변제하여 나중에 신채권자가 채권을 실행하지 못하거나, 채무자가 이중으로 변제하는 걸 막기 위해 채권양도통지 제도가 마련되어 있어요. 한마디로 구채권자가 채무자를 상대로 해서 "나는 더 이상 채권을 가지고 있지 않고 다른 사람에게 넘겼으니 앞으로는 그 사람

에게 변제하도록 하세요."라고 알려 주는 거지요. 그럼 교통사고가 났
는데 왜 채권양도 문제가 나오는 걸까요?

피해자 입장에서는 형사 합의금을 받으면, 보험회사로부터 받는 보
상금에서 해당 금액만큼 공제받을 위험이 있습니다. 보험회사는 피해
자가 실제로 입은 피해를 여러 곳에서 중복하여 보상받는 것을 막으
려고 할 테니까요. 가해자는 피해자에게 형사합의금을 지급하는 경우
보험사를 상대로 위 금액만큼 보험금청구권또는 보험금청구권이라는 채
권을 취득하게 됩니다. 그래서 피해자가 보험사를 상대로 보상을 청
구하는 경우 형사합의금을 공제 당하지 않기 위해서 가해자가 보험
사를 상대로 취득한 보험금청구권을 피해자에게 양도해야 합니다.

그리고 이러한 사실을 보험회사에 통지하는 것이죠. 그 내용은 가
해 차량 운전자통지인가 보험회사에 대한 보험금청구권또는 부당이득반
환청구권을 피해자에게 양도했으니 보험사피통지인는 보상금을 피해자
신채권자에게 지급하라는 거예요. 채권양도통지는 날짜가 중요하기 때
문에, 발송/도달 날짜를 객관적으로 확인할 수 있는 우체국 내용증명
으로 보내는 게 좋아요.

제4장

×

성폭력 범죄의 진실

01. 성폭력에 관한 잘못된 편견들

'성폭력' 하면 무엇이 떠오르나요? 어두컴컴한 골목
길에서 갑자기 뒤에서 누가 나를 덮칠 것 같은 이미지?
사이코패스가 극악무도한 범죄를 저지르며 어린아이들을
납치하는 장면? 이런 스테레오타입 이미지들은 흔히 미디
어에서 반복하여 재생산하는 '성폭력 범죄'의 극히 일부분
인 단면입니다.

성폭력, 우리
가 꼭 하고 싶
은 이야기

　실제로 강간, 강제추행 등과 같은 '좁은 의미의 성폭력'만 놓고 보

더라도 가족과 친척, 직장 내 관계, 친밀한 관계 등 **'아는 사람'에 의한 피해가 90%**에 달합니다. 특히 13~18세 어린이의 경우 친족, 친족 외의 친척이 가해자인 경우가 60%를 넘게 차지해요. 여기다 성희롱이나 성적 관계를 매개로 한 각종 심리적, 신체적, 언어적 폭력까지 포괄하는 넓은 의미로 해석하면 대부분의 성폭력이 일상생활에서, 아는 사람에 의해 일어난다는 걸 실감할 수 있을 거예요.

이처럼 성폭력에 대한 잘못된 통념에 사로잡혀 있으면 현실 세계에서 일어나는 진짜 성폭력을 예방하거나 적절히 대처하지 못하게 될 위험성이 있어요. 성폭력 가해자는 괴물이나 도깨비가 아니라, 대부분 우리 주변에 함께 살아가고 있는 '선량하고 성실한' 사회 구성원의 모습을 하고 있다는 점을 먼저 인정하는 것이 필요해요.

초창기에는 여성의 정조를 지키기 위해 성폭력 범죄에 관한 법이 만들어졌어요. 여기서 '정조'를 침범했다는 것은 여성이 속한 남성 가족의 명예를 더럽힌 범죄라는 의미입니다. 시간이 지나면서 꾸준한 사회운동의 변화로 현재의 성폭력 범죄는 **성적자기결정권**을 침해한 범죄로 이해되고 있어요.

현행법상 성폭력 범죄는 강간, 강제추행, 유사 강간, 준강간 등으로 매우 좁게 규정하고 있어요. 모든 폭력을 법으로 다 규율하는 것만이 최선의 방향은 아니기 때문에, 국가가 나서서 처벌해야겠다고 정한 것만을 범죄로 규정하는 것이지요. 따라서 가해자에 대한 법적 처벌뿐만 아니라, 공동체 차원에서의 예방과 규제 역시 중요한 측면이라고 할 수 있어요. 국가에 의한 형사처벌은 받지 않더라도 사회적 비난을 받고 직장, 지역 커뮤니티 수준의 제재가 가해진다면, 형벌의 공백을 사회가 메워가는 것이지요.

02. 아동 청소년을 대상으로 한 그루밍 성범죄의 대두

12세인 S양은 페이스북에 학교생활과 친구 관계의 어려움에 관한 심경을 토로하는 글을 올렸다. 글을 올린 지 얼마 되지 않아 모르는 사람인 P군으로부터 메시지를 받았는데, 자기의 마음을 정확하게 대변해 주는 위로의 말이었다. 페이스북에서는 모르는 사람과도 메시지를 주고받으며 교류하는 경우가 많아서, S양은 경계심을 풀고 P군에게 답장을 보냈다. 잠시 대화를 주고받은 두 사람은 이후 급속도로 친밀해졌다.

그러던 어느 날, P군은 S양에게 속옷 차림의 사진을 보내 달라고 했다. S양은 뭔가 불편하고 이상하다고 생각했지만, P군과의 관계가 어색해지는 것이 싫어서 요구에 응하고 말았다. 오프라인 만남도 가지기 시작했다. 또래 친구들과 한 번도 가보지 못한 식당에 데려간 P군은 다른 어른들과 달리 늘 친절하고 다정하게 굴었다.

P군은 "우리는 비밀 친구이고 다른 사람들은 어리석어서 잘 이해하지 못할 테니, 부모님이나 친구들에게 말하지 말라."라고 했다. S양은 P군이 정말 믿을 만한 어른이지만 약간 불편한 마음이 들었다.

과거에 비해 온라인상의 교류가 활발해지고, SNS 메신저 등을 통해 모르는 사람과 대화하기가 쉬워졌습니다. 그만큼 과거보다 미성년자들은 **그루밍 범죄**에 더 쉽게 노출된 셈이지요. 그루밍 범죄는 새로운 형태의 성폭력 범죄는 아니지만, 온라인 커뮤니티의 활성화와 더불어 더욱 교묘해지고 피해자에 대한 접근이 쉬워진 거예요.

그루밍은 마부가 말을 단장시킨다는 의미에서 유래된 것으로 길들이기, 꾸미기 등을 의미합니다. 그루밍 성범죄란, 가해자가 심리·경제적으로 피해자를 길들여서 피해자의 신뢰를 얻은 후, 피해자가 스스로 성관계를 허락하게 한 다음 행하는 성적 가해행위를 뜻해요. 일반적으로 가해자는 피해자를 물색하여 접근한 뒤, 고민을 들어준다든가 경제적 지원을 해 주는 방식으로 피해자의 신뢰를 얻고 친분을 쌓

아갑니다. 일반적인 성폭행과 다른 점은 강제성이 즉각적으로 드러나지 않는다는 점이에요. 오랜 시간 공들여서 길들여진 만큼, 피해자 자신도 피해로 인지를 못 한다는 점이 가장 큰 문제입니다.

이중 특히 온라인 메신저의 발달은 '물색'의 단계를 매우 쉽게 만들어줍니다. 예를 들어, 한 10대 아동이 SNS에 힘든 학교생활에 대한 심정을 솔직하게 올렸어요. 한 50대 남성이 그 글을 보고 "부모에게 말 못 할 힘든 고민을 내가 들어주겠다."라는 메시지를 보냅니다. 피해자는 가해자인 성인 남성과 대화를 주고받으며 믿을 만하고 말이 통하는 어른이라고 여기게 됩니다. 그러다 어느 날부터 가해자는 만남을 요구하거나 조금씩 성적인 요구를 하게 되고, 가해자와 맺은 관계가 끊어질 것을 우려한 피해자는 '자발적'으로 가해자와의 성관계에 응하게 됩니다.

그루밍 성범죄의 과정을 요약하면 다음과 같아요.

〔피해자 물색〕 → 〔피해자의 신뢰 얻기, 정서적 친밀감 형성〕 → 〔피해자의 욕구 충족선물, 경제적 지원 등〕 → 〔고립시키기〕 → 〔관계를 성적으로 만들기〕 → 〔통제 유지하기〕

이 과정에서 물리적인 폭행이나 협박은 없을지도 모릅니다. 좁은 의미의 성폭행인 '강간'에 해당하지 않는 것이죠. 하지만 분명 피해자들은 거절할 수 없는 힘에 의해 성관계에 응하게 됩니다. 폭행이나 협박이 없었다고 해서 합의에 의한 성관계로 볼 수는 없어요. 가해자는 피해자를 심리적으로 완전히 통제하고, 주변으로부터 고립시킨 상태에서 일어나는 행위이므로 '폭력적'인 것에 해당하죠.

흔히 그루밍 범죄의 가해자들은 "사랑해서 그랬다.""나이는 어리지만 이런 감정을 느낀 것은 처음이다."라고 변명 아닌 변명을 늘어놓습니다. 하지만 피해 아동들의 대부분은 가해자와 친해지는 과정에서 자기에게 어떤 위험이 닥칠지 상상조차 하지 못합니다. 심리적으로 곤란한 상태에 있는 상대방을 가족이나 친구들과 같은 주변으로부터 고립시키고, 상대방의 약점을 이용하여 성관계를 맺는 것이 과연 사랑이라고 할 수 있을까요?

03. N번방과 우리 사회의 민낯

2019년 초 익명의 '추적단 불꽃'은 성폭력 영상물을 공유하는 단체 채팅방이 텔레그램에서 운영되는 것을 알게 되었고, 잠입 취재를 통해 미성년자를 포함한 여성들의 성 착취 영상을 공유한 텔레그램 N번

방의 실체를 파악했습니다. 그리고 ≪국민일보≫, ≪한겨레≫와 함께 구체적인 폭로 기사를 통해 N번방을 세상에 알리게 되었죠.

이 사건으로 많은 사람들은 충격에 빠졌습니다. 암호화폐로 약 150만 원을 내야 입장이 가능한 채팅방에는 늘 수천 명의 남성 관전자들이 있었고, 30여 개의 비슷한 채팅방에서 최대 26만여 명이 동시에 관전하고 있었다는 사실을 알게 된 거죠. 26만 명, '특이하고 이상한 소수의 변태'라고 하기에는 너무나 많은 숫자였습니다. 그중에는 연예인, 교수, 스포츠 선수, 벤처기업 창업가 등 사회적으로 존경받는 평범한 우리 가족과 이웃들이 대부분이었습니다. 최근에 2심에서 징역 45년을 선고받은 운영자 조주빈 역시 대학 시절 학보사 편집국장으로 활동하던 '평범한' 대학생에 불과했죠.

성 착취 동영상을 촬영하고 유포하고, 그것을 소비하고, 그로 인한 경제적 이득을 얻는 것은 극소수의 악마가 아니라 우리와 함께 생활하고 직장을 다니는 누군가의 이웃, 동료, 아빠입니다. 하지만 이상하게도, 법원에만 가면 이러한 '평범함'과 '정상성'은 너무도 쉽게 감형의 이유가 됩니다. 부양해야 할 가족이 있어서, 미래가 촉망받는 대학생이라서, 근면 성실한 직장인이라서… 그런 판단이 가능한 것은 아마도 "성범죄는 이런 평범한 사람이 저지르는 것이 아니다."라는 무의식적 전제가 깔려 있기 때문이 아닐까요?

성 착취 동영상, 불법 촬영물이 한번 온라인에 퍼지면, 그것을 되돌리기는 불가능합니다. 잊힐 만하면 살아나고, 아무리 삭제해도 다시 나타납니다. 무한히 반복 재생산되는 영상물 때문에 피해자는 평생을 헤어날 수 없는 고통 속에 살게 됩니다. 하지만 이런 영상을 관람하고 소비하는 것에 대해서는 너무나 관대합니다. 초등학교 남자아이들이 '야동'을 보며 공유하는 것은 아주 자연스러운 일탈로 여겨집니다. 그 영상이 생성된 과정과 출처에는 큰 관심을 두지 않습니다. 그런 아이들이 자라서 N번방을 비롯한 불법 성 착취 영상물 유통체계의 한 고리가 된 것은 아닐까요?

아동을 대상으로 한 성 착취에 대해서는 차마 입에 담기 어려운 수준입니다. 너무나 끔찍해서 알고 싶지 않을 지경이지요. 하지만 우리 사회는 영아, 아동들에 대한 성 착취가 꾸준히 일어나고 있다는 사실을 외면해서는 안 됩니다. 아이들은 너무나 어리지만, 행위는 잔인합니다. 그리고 그들의 인생은 마치 샥스핀이 잘린 상어처럼 버려지고, 누군가는 그것을 보면서 즐거워하고, 누군가는 돈을 벌어 갑니다.

다크웹에서 '웰컴 투 비디오'를 운영하며 2년 8개월 동안 전 세계

128만 명 회원들에게 8TB의 영상을 팔아 약 44억 원의 이익을 얻은 손정우는 2심에서 징역 1년 6개월을 선고받았습니다. 1심에서 집행유예를 선고받고 구치소에서 나온 그는 베트남 여성과 혼인신고를 했는데, 부양할 가족이 있다는 점은 양형에서 주요한 요소로 받아들여집니다. 그가 운영한 사이트는 아동 성 착취 영상만을 다루고 있었고, 가장 어린 영아는 무려 생후 18개월입니다. 법원의 솜방망이 처벌이라는 비난이 거세게 일었지만, 과연 법원이 유독 이 사건에 대해서만 온건한 판결을 했던 걸까요? 여태까지 다른 판결들이 상대적으로 덜 알려졌던 건 아닐까요?

법원의 판단은 법률을 기초로 하여 사회적 통념을 반영합니다. 처벌의 공백이 있으면 처벌할 수가 없습니다. 사회가 먼저 변하고, 처벌의 공백을 메우고, 자꾸만 다른 소리를 내야 법원의 판단도 달라집니다.

04. 성폭력 피해자 법적 구제 방안

성폭력 범죄를 규정하고 있는 법률은 「형법」, 「성폭력범죄의 처벌 등에 관한 특례법성폭력처벌법」, 「성폭력 방지 및 피해자보호 등에 관한 법률성폭력방지법」, 「아동·청소년의 성보호에 관한 법률청소년성보

^{호법」},「군형법」이 있어요. 행위 유형별로 분류하면 대략 다음과 같습니다.

강간 (「형법」 제297조)	폭행·협박으로 사람의 저항을 불가능하게 한 상태에서 간음(성기삽입)하는 것. 만 13세 미만 미성년자에 대한 간음은 폭행 협박이 없더라도 처벌됨(의제강간).
유사 강간 (「형법」 제297조 2)	폭행·협박으로 사람의 구강, 항문 등 신체 내부에 성기를 넣거나 성기, 항문에 손가락 등 신체의 일부 또는 도구를 넣는 행위.
강제추행 (「형법」 제298조)	폭행·협박으로 사람을 추행하는 행위. 폭행 자체가 추행인 경우 포함.
준강간, 준강제추행 (「형법」 제299조)	폭행·협박 없이 사람의 심신상실 또는 항거불능 상태를 이용하여 간음 또는 추행하는 행위.
위계 위력에 의한 간음 (「형법」 제303조)	업무, 고용 기타 관계로 자기의 보호 감독을 받는 자에 대하여 위계·위력으로 간음하는 행위. 미성년자 또는 심신미약자에 대하여는 간음과 추행 처벌.
성적 목적을 위한 공공장소 침입행위 (「성폭력처벌법」 제12조)	자기의 성적 욕망을 만족시킬 목적으로 공중화장실이나 목욕장 등 공공장소에 침입하거나 퇴거 요구받고도 불응하는 행위.
통신매체를 이용한 음란행위 (「성폭력처벌법」 제13조)	자기 또는 타인의 성적 욕망을 유발하거나 만족시킬 목적으로 전화, 우편, 컴퓨터, 그 밖의 통신매체를 통하여 성적 수치심이나 혐오감을 일으키는 말, 음향, 글, 그림, 영상, 또는 물건을 상대방에게 도달하게 하는 것.
카메라 등을 이용한 촬영 (「성폭력처벌법」 제14조)	카메라와 같은 기계장치로 성적 욕망 또는 수치심을 유발할 수 있는 다른 사람의 신체를 그의 의사에 반하여 촬영하거나, 그 촬영물을 반포·판매·임대·제공 또는 공공연하게 전시·상영하는 행위.
성희롱 (「국가인권위원회」 제2조 제5호, 남녀고용평등법)	업무 고용 그 밖의 관계에서 공공기관 종사자, 사용자 또는 근로자가 그 직위를 이용하거나 업무 등과 관련하여 성적 언동 등으로 성적 굴욕감 또는 혐오감을 느끼게 하는 행위. 성적 언동 그 밖의 요구에 대한 불응을 이유로 고용상 불이익을 주는 행위.

강간, 유사 강간, 강제추행 등으로 인해 피해자가 상해를 입거나 사망에 이른 경우 가중처벌 됩니다. 또한 「성폭력처벌법」과 「아동청소년성보호법」에서는 가해자와 피해자의 관계, 피해자의 연령 등에 따라 가중처벌 할 수 있는 규정을 두고 있어요. 특이점은 성희롱은 「형법」상 처벌 규정이 없고, 업무 관계상 일어난 경우에 한하여 법적인 문제로 삼을 수 있다는 점이에요.

성폭력 피해 회복이 법적 구제에 국한되는 것은 아니지만, 법은 가장 실효성 있는 도구가 되지요. 법적 구제는 크게 형사고소와 민사상 손해배상 청구 이렇게 두 가지로 나눌 수 있어요.

형사고소는 수사기관에 가해자를 고소하고 경찰과 검찰의 수사 단계를 거쳐 가해자에 대한 처벌을 법원에 요구하는 것이에요. 이때 피해자는 재판의 당사자가 아니고 '참고인' 또는 '증인'이 됩니다.

민사적 방법은 피해자가 원고가 되어 가해자인 피고를 상대로, 자신의 피해에 대한 배상을 돈으로써 구하는 방식입니다. 피해자가 소송의 주체가 되기 때문에 법률 대리인의 도움을 받을 수 있고 상대방의 불법행위를 적극적으로 입증해야 합니다.

두 가지 절차는 별개이므로 동시에 하셔도 되고, 어느 한 가지를 선택하여 진행해도 됩니다. 어느 쪽이든 실무상 입증의 문제가 중요하므로, 사건 직후 증거를 잘 채취하는 것이 중요해요. 곧바로 병원에 가서 진단서를 받으시고 사진 증거 등을 꼭 남겨두길 바랍니다. 목격자가 없는 경우가 많아서 상황에 대한 기억이 가장 또렷할 때 자신이 스스로 사건의 목격자가 되어 진술을 남겨두시는 것도 좋은 방법이에요. 구체적인 날짜와 일시, 주변 정황 등을 최대한 세세하게 기록하세요.

05. '피해자다움'을 거부한다

이번 파트에서는 성폭력에 관한 개념을 다시 생각해 보고, 현실에서 일어나는 성폭력은 어떤 형태인지 이야기해 보고 싶었어요. 현장에서 피해자들을 지원하다 보면 우리가 막연히 생각하는 힘없이 눈물 흘리는 피해자의 이미지는 신문 속 사진에만 존재하는 것이구나, 싶을 때가 많아요. 피해자들은 사건에 대해 자기의 언어로 이야기하고, 성폭력이라 명명하고 싶어 하고, 가해자를 만나 제대로 사과받고 싶어 하는 경우가 많아요.

사과의 방식에는 피해자와 가해자의 관계, 그들이 처한 상황 등에 따라 여러 가지 방법이 존재할 수 있겠죠. 그런데, 법에서 인정하는 사과의 방식은 오로지 **금전배상**뿐이에요. 만약 어떤 사람이 폭행을 당했다면 당연히 그에 대한 손해배상금_{합의금}을 요구하고, 가해자는 돈을 주고서라도 용서를 받고 싶을 거예요. 민사소송을 하더라도 손해배상을 청구하는 방법 외에 딱히 대안이 없는 것이죠. 어떤 피해라도 돈으로 완벽하게 회복될 수는 없어요. 다만 그 방법이 가장 덜 인권 침해적이고 실현할 수 있기 때문에 법에서는 금전배상을 원칙으로 한답니다.

정말 이상하게도 성폭력 피해자가 금전적 합의를 하는 것에 대해서는 사회적으로 아주 부정적인 이미지가 형성되어 있어요. 마치 금전을 갈취하기 위해서 허위 신고를 하는 거라고 피해자를 몰아갈 때도 많아요. 정작 성폭력 피해 신고자가 무고로 처벌받는 경우는 전체 사건의 1%도 안 될 만큼 매우 낮은데, 마치 대다수의 일인 양 잘못 알려진 것이죠. 이러한 사회적 인식과 '꽃뱀'이라는 낙인은, 피해자가 스스로 피해자임을 말하고 가해자에게 정당한 사과를 요구하는 것을 방해해요. 가해자의 언어에 익숙해진 피해자들은 스스로 "내가 뭘 잘못했지?"라며 자책하고 법적 구제를 요청하는 것에 대해서도 자기 검열을 거치는 상황이 발생하게 돼요.

우리 사회에 만연한 **가해자에 대한 너그러운 태도, 성범죄에 대한**

편협한 인식, 피해자에 대한 부정적인 낙인 이런 모든 것이 모여 성폭력 범죄를 키웁니다. '성폭력 범죄'가 무엇인지 똑바로 바라보지 않으면, 해결도 개선도 영원히 불가능할지 모릅니다.

즐거운 연애생활을 할 권리

PART 2

신명진 변호사

×

제1장

사랑의 탈을 쓴 범죄, '데이트 폭력'

M양은 지인의 소개를 통해 K군을 만났다. M양은 타인에게 쉽게 마음을 열지 못하는 성격이라서 처음에 K군을 상당히 경계했으나, 지속적인 구애에 결국 마음을 열게 되었다. 두 사람은 자연스레 호감을 느끼고 데이트를 했고, 연인 사이로 발전했다.

K군은 훤칠한 외모에, 다정다감한 성격을 지닌 좋은 남자였다. 그런데 단 하나, 싸울 때 가끔 감정이 격해되면 M양에게 큰소리를 지르거나 벽을 손으로 치기도 하고, 눈앞에 보이는 물건을 던지는 모습을 보였다. 갈등의 원인은 최초에는 사소한 것인데, 한번 싸움이 시작되면 꼭 어떤 물건이 하나 부서지거나 M양이 울면서 애원해야 싸움이 마무리되곤 했다.

그리고 다음 날이면 K군은 자기가 정말 잘못했다며 꽃이나 선물을 사와 M양에게 무릎까지 꿇고 다시는 그러지 않겠다고 눈물을 흘리며 싹싹 빌었다. M양은 그래도 자기를 잘 알고 가장 사랑해 주는 사람인 K군이 실수했구나 싶어 용서해 주었고, 아무리 그래도 이 사람을 이해해줄 사람은 자기밖에 없다는 생각에 관계를 쉽게 끊지 못했다.

시간이 흘러 M양은 K군과의 관계에 지치기 시작했다. 결국 그에게 이별을 통보하고 말았다. K군은 M양을 붙잡고 말로 회유해 보고 앞으로 잘하겠다고 빌기도 했다. 그래도 M양의 마음이 돌려지지 않자, M양의 가족들에게 성관계 동영상을 유포하겠다며 협박했다. 그러다 K군은 고함을 치며 M양의 왼쪽 뺨을 손으로 때리고 넘어진 M양을 발로 차며 점점 이성을 잃고 폭행을 이어갔다. 이로 인해 M양은 약 21일 동안의 치료가 필요한 상해를 입었고, 정신적 충격으로 발작을 일으키며 주변인들에게 무력감과 공포감을 호소하고 있다.

01. 데이트 폭력이란

10년 전만 해도 데이트와 폭력은 어울리지 않는 말이라고 생각했지만, 지금은 대부분의 사람들에게 많이 익숙해진 용어 '데이트 폭력'. 사전적 정의는 '**데이트 관계에서 발생하는 언어적, 육체적, 정신적, 경제적, 성적 폭력'**

사랑에도 '안전'을 생각해야 하다니

을 폭넓게 가리킵니다. 중요한 건 '데이트 관계'라는 점이지요. 데이트 관계는 데이트 또는 연애를 목적으로 만나고 있거나 만난 적이 있는 관계를 말하며 넓게는 채팅·맞선을 통해 그 가능성을 인정하고 만나는 관계까지 포괄하며, 사귀는 것은 아니나 호감을 느끼고 있는 상태까지 포함합니다.

데이트 폭력을 아우르는 친밀한 관계 내의 폭력은 지속적 관계의 맥락에서 발생하기 때문에 일회성 범죄보다는 장기간 지속되는 경우가 많아요. 특이점은 일반적인 폭행, 상해 사건 등과 달리 재범률이 높고, 신고하면 보복 범죄로 이어지는 경우가 많다는 점이죠. 관계를 단절하는 과정에서 폭행, 협박, 스토킹의 범죄로 이어지기도 해요. 친밀한 관계의 특성상 가해자가 피해자의 주변 인물과 개인정보, 민감한 사생활을 매우 잘 알고 있는 경우가 많기 때문에 그러한 것들이 취약점이 될 수밖에 없어요.

수사기관에 알려지게 되더라도 애정이 얽혀 있는 한, 그 관계의 특수성 때문에 피해자 스스로 가해자에 대한 처벌을 원치 않는다는 의사를 밝힐 확률이 높기도 하지요. 법률용어로 **처벌불원의사**라고 합니다. 폭행죄는 상해죄와 달리 피해자가 처벌을 원한다는 의사를 밝히지 않으면 가해자를 처벌할 수 없어요!

02. 연인들 간의 사랑싸움?

데이트 폭력을 논할 때 가장 중요한 점은 당사자 간의 지속적인 관계의 깊이에도 불구하고, 엄연한 '폭력'이라는 점입니다. 과거에는 가정 폭력과 마찬가지로 '사적인 영역'에서 일어나는 일로 보고 "사랑싸움은 알아서 해결해라."라는 분위기가 팽배했지요. 심지어 길에서 남자 친구에게 맞고 있는 여성이 있더라도 지나가던 사람이 쉽게 간섭하기 어려운 분위기였어요. 그런데 "사적 영역과 공적 영역을 어떻게 딱 잘라 구분할 것이냐?"라는 문제 제기와 함께 "사적 영역이라고 해서 국가가 보호하지 않는다면 결국 그 안에서 희생자가 발생하는 것을 방관하는 결과가 된다."라는 경각심에 데이트 폭력은 점점 사회적 이슈가 되었어요.

우리나라는 2018년 데이트 폭력을 근절하겠다고 선언한 이후에 이렇다 할 만한 통합 대책은 아직 마련되지 않은 상황이에요. 현행 「형법」상 협박, 폭행, 상해죄 등으로 처벌하거나 「경범죄 처벌법」에 의지하고 있는 수준이지요. 현 상황에서 법을 통해 어떤 구조를 받을 수 있는지 함께 살펴보아요.

03. 데이트 폭력 피해자를 위한 솔루션

주변 사람들을 통해 안전장치를 적극적으로 만드세요.

데이트 폭력 가해자들은 평소에 **가스라이팅**을 통해 피해자와 주변인들과 관계를 단절시키는 경우가 많아요. 그래야 상대방이 본인에게 계속 의지하고 쉽게 벗어날 수 없다는 사실을 알기 때문이지요. 이후 데이트 폭력 징후가 보였을 경우 주변인들을 적극적으로 활용하는 것이 가장 중요해요.

데이트 폭력 가해자들은 "너의 부모에게 알몸 사진을 보내겠다." "네 가장 친한 친구에게 위해를 가하겠다."라는 식으로 주변인들을 통해 접근해요. 하지만 협박범을 대처하는 가장 중요한 원칙은 **협박범이 원하는 대로 해 주지 않는 것**입니다. 주변인들에게 현 상황을 알리고 그의 연락을 차단하고 신변 보호를 요청하세요. 누가 더 자신의 편에 가까운지 잊지 마세요.

접근 금지 등 (피해자의) 신변 보호 조치

보복 범죄가 우려되는 만큼 가장 우선적인 것은 피해자의 신변을 보호하는 일이에요. 스토킹을 당하는 경우에도 비슷해요. 경찰에 신변 보호를 요청하거나 법원을 통해 〈접근금지가처분〉 제도를 활용할 수 있어요.법률상/사실상 배우자인 경우에는 「가정폭력 범죄의 처벌 등에 관한 특례법」이 적용되지만 연인 관계에는 적용이 되지 않아요.

〈접근금지가처분〉

민사법원에 대하여 피신청인가해자이 신청인피해자에게 다음의 내용을 하지 못하도록 요청할 수 있어요.

① 근방 일정 거리 이내로 접근하는 것

② 전화, 우편, SNS를 통해 연락하는 것

하지만 피해자의 실질적인 보호를 위해서는 접근금지명령보다 범죄를 적극적으로 예방할 수 있는 사법 절차 제도가 마련되었으면 합니다.

형사고소를 통한 처벌 요구

데이트 폭력 가해자가 한때 내가 사랑한 연인 관계였다는 점에 속지 마세요. 그는 당신의 감정을 이용하여 폭력을 행사한 범죄자입니다. 반드시 형사기관에 신고하여 강력한 처벌을 요구하세요. 물론 타인이 처벌을 받도록 하기까지의 과정은 심리적으로나 비용 면에서나 매우 힘든 일입니다. 하지만 약한 모습을 보일수록 폭력의 대상이 될 뿐, 선처 없이 신고하고 강한 처벌을 요구하는 것이 데이트 폭력 근절에 앞장서는 길입니다.

가해자가 때렸다면 **폭행죄**, 그로 인하여 병원에서 치료를 받을 정도로 몸을 다쳤다면 **상해죄/폭행치상죄**가 성립합니다. 후자의 경우에는 피해자가 가해자의 처벌을 원치 않는다고 하더라도 가해자는 처벌됩니다. 피해자가 사망에 이른 경우에는 **폭행치사/살인죄**가 적용될 수 있습니다.

민사상 손해배상청구

형사고소와 민사재판은 어떤 점이 다를까요? 쉽게 말해 국가를 상대로 가해자를 처벌해 달라고 요구하는 것이 **형사고소**이고, 직접 가해자를 상대로 "나에게 손해를 배상하라."라고 요구하는 것이 **민사재판**이에요. 형사고소와는 별도로 민사재판을 통해 실제 발생한 병원비와 치료비, 치료받는 동안 일하지 못해서 발생한 금전적·정신적 손해에 대한 배상을 청구할 수 있어요. 진단서, 치료비 영수증, 정신의학과 상담 기록 등을 잘 챙겨두세요.

작지만 중요한 위험신호 무시하지 않기

아직까지 법/제도 장치는 미비한 실정입니다. 예방 차원에서는 관계에서 발견되는 위험신호를 감지하고 데이트 폭력을 의심해 보는 자세도 필요해요. 데이트 폭력 가해자에게서는 공통으로 나타나는 징후가 있습니다. 바로 상대방에 대한 **과도한 소유욕**과 통제 욕구랍니다.

예를 들면 하루에 지나치게 연락을 자주 한다든가, 애인의 옷차림과 주변 관계에 대해 과도한 통제를 한다든가, 데이트 약속과 내용을 일방적으로 결정한다든가 하는 것이에요. 또한 신체에 직접적인 위해를 가한 적이 있다면, 설사 단 한 번이었더라도 가볍게 넘기지 마세요. 가해자는 "내가 잠깐 미쳤었던 것 같다."라며 진심을 다해 사과하고 뉘우치는 모습을 보일 거예요.

대부분의 데이트 폭력, 가정 폭력 가해자들이 반복해서 보이는 패턴이므로 쉽게 용서하고 넘어갈 문제가 아니라는 점을 알았으면 좋겠어요. 직접 상대방의 몸을 때리는 것뿐만 아니라 화가 나면 난폭한 운전을 한다든가, 주변의 물건을 집어던진다든가 하는 행동도 폭력의 일종이랍니다. 그런 행동이 반복된다면 혼자 고민하지 말고 믿을 만한 지인, 혹은 기관과 논의하세요.

04. 사랑했다면, 이별도 안전하게

이별을 통보한 후 폭력에 시달리는 여성들이 많아지면서, 혹은 원래 많았던 것이 사회적으로 조명받기 시작하면서 **안전이별**이라는 말까지 생겨났습니다. 스토킹을 당하거나 이별통보 시 자해나 자살하겠다는 협박을 받을 때는 안전이별이 반드시 필요합니다. 쉽지 않겠지만 가능하면 전화번호도 바꾸고 이사를 하는 편이 좋아요. 가족과 친구, 직장 및 주변인들에게 널리 알리고 가해자를 차단하세요. 설령 둘이 떳떳하지 못한 관계였다고 해도 절대 망설이지 마세요. 망설이는 와중에도 상대방은 당신에게 어떤 위협을 가할지도 몰라요. 당신의 안전을 가장 먼저 생각하면 좋겠습니다.

피해를 당한 것은 당신의 잘못이 아닙니다. 충분히 다시 건강하고 안전한 관계를 맺을 수 있어요. 진정으로 자신을 사랑하고 아껴주는 사람을 만나세요.

05. 스토커, 개인의 영역을 침범한 자들

최근 한 유명 여성 스트리머가 자신을 따라다니는 극성 스토커를 공개적으로 경고하는 영상을 올려 큰 이슈가 되었습니다. 이 스토커는 작년부터 해당 여성의 집 앞에 선물을 두고 가거나 새벽마다 집 앞을 서성이는 등의 비상식적인 행동을 보였는데요. 심지어 집 앞에 CCTV를 설치했지만, 이사한 집 주소를 알아낸 스토커가 오히려 CCTV 앞에서 손을 흔들거나 인사를 하는 등 공포감을 일으켜 많은 이들에게 충격을 주었습니다. 유명인일수록 스토킹 사건에 휘말리기 쉽고, 이런 스토킹 피해 사실을 세상에 공개하는 것 자체도 쉽지 않은 일이죠.

널리 공개되지 않았을 뿐, 여전히 스토커에게 시달리고 있는 평범한 일반인들도 많아요.

　우리나라는 스토킹 사건에 대해서는 직접적인 위협을 가하지 않는 한, 강제 수사나 처벌 규정이 마련되어 있지 않았는데, 2021년 4월 13일 정부는 스토킹 처벌법 공포안을 심의 의결했어요. 그리고 2021년 10월 21일부터 「스토킹 범죄의 처벌 등에 관한 법률」이 시행되었습니다. 그럼 22년 만에 국회를 통과한 「스토킹 처벌법」에 대해 간단히 알아볼까요?

긴급응급조치 (「스토킹 처벌법」 제4조)	① 사법경찰관은 스토킹 행위 신고와 관련하여 스토킹 행위가 지속적 또는 반복적으로 행하여질 우려가 있고 스토킹 범죄의 예방을 위하여 긴급을 요하는 경우 스토킹 행위자에게 직권으로 또는 스토킹 행위의 상대방이나 그 법정대리인 또는 스토킹 행위를 신고한 사람의 요청에 의하여 다음 각 호에 따른 조치를 할 수 있다. 1. 스토킹 행위의 상대방이나 그 주거 등으로부터 100미터 이내의 접근 금지 2. 스토킹 행위의 상대방에 대한 「전기통신기본법」 제2조 제1호의 전기통신을 이용한 접근 금지 ② 사법경찰관은 ①에 따른 조치(이하 "긴급응급조치"라 한다)를 하였을 때에는 즉시 스토킹 행위의 요지, 긴급응급조치가 필요한 사유, 긴급응급조치의 내용 등이 포함된 긴급응급조치결정서를 작성하여야 한다.

스토킹 범죄 (「스토킹 처벌법」 제18조)	① 스토킹 범죄를 저지른 사람은 3년 이하의 징역 또는 3천만 원 이하의 벌금에 처한다. ② 흉기 또는 그 밖의 위험한 물건을 휴대하거나 이용하여 스토킹 범죄를 저지른 사람은 5년 이하의 징역 또는 5천만 원 이하의 벌금에 처한다. ③ ①의 죄는 피해자가 구체적으로 밝힌 의사에 반하여 공소를 제기할 수 없다.

한 가지 아쉬운 건, 법이 시행되는 날짜 이후에 발생한 스토킹에 대해서만 처벌이 가능하다는 점이에요. 이제라도 법이 시행되었으니, 스토커로 고통받는 사람들이 마음의 짐을 덜어낼 수 있길 바랍니다.

제2장

×

성병을 일부러 옮긴 전 애인

올해 22세인 B양은 학교에서 선후배 사이로 만난 C군과 약 7개월간 교제를 하다가 헤어졌다. 그런데 헤어진 직후, B양은 몸이 안 좋아 산부인과를 찾았는데, 검사 결과 세 가지 질환이 발견되었고 모두 성 접촉으로 발생하는 병이라는 진단을 받았다. B양은 C군 외에는 성관계를 맺은 적이 없었고 당연히 C군에게서 감염되었다고 생각했다. 놀란 B양은 C군에게 따져 물었으나 C군은 "증상은 알고 있었는데 전염되는지 몰랐다."라고 변명하는데… 정말 C군은 아무런 잘못이 없을까?

01. 성매개감염병이란?

성병은 성적 접촉을 통하여 감염되는 질병으로 매독, 임질, 클라미디아 감염증, 연성하감, 성기단순포진, 첨규콘딜롬인유두종바이러스 감염증 등이 있어요. 앞의 4개는 세균성, 뒤의 2개는 바이러스성 질병으로 분류됩니다.

이러한 성병은 성관계 상대방은 물론 불특정 다수의 건강과 안전을 위협할 수 있기 때문에 예방과 차단이 절대적으로 중요합니다. 문제는 본인이 이러한 성병에 걸린 사실을 잘 알고 있으면서도 상대방에게 그러한 사실을 명백히 알리지 않고 성관계를 맺은 경우입니다.

02. 상해, 과실치상으로 처벌되는 경우

성관계를 맺은 상대방이 본인의 성병 감염 사실을 알면서도 파트너에게 성병을 옮겼다면 「형법」상 **상해죄**가 성립할 수 있어요. '상해죄'는 사람의 신체를 '상해'한 자를 처벌하는 조항인데, '상해'라는 건 단순히 부러지거나 긁히는 것처럼 다치게 하는 것 외에도 사람의 생리적 기능에 장해를 주는 것을 말해요. 만일 본인이 성병에 걸린 사실을 잘 알면서 일부러 옮긴 것이라면 상해의 고의가 인정되고, 잘 알 수 있었음에도 실수로 모른 상태에서, 그럴지도 모른다는 생각을 조금이나마 갖고 있었다면 **과실치상죄**가 성립할 수 있어요.일반적인 의미 로 말하는 '실수'와는 다르답니다.

실무상 유의할 점은 상해죄가 인정되려면 상해의 부위와 정도가 증거로서 입증되어야 하므로 진단서와 같은 객관적인 자료가 필요 하다는 것입니다. 즉시 성병 진단 검사를 받아 증거를 확보하길 바랍 니다.

03. 치료비와 정신적 피해에 대한 손해배상 청구

형사처벌 외에 피해자의 정신적 손해, 치료비 등을 금전으로 배상 하라는 민사상 손해배상청구를 할 수가 있어요. 만일 완치법이 개발 되지 않은 병이라면 위자료 산정에 더욱 신중을 기해야겠죠! 치료비 는 실제로 지출한 진료비, 약값, 시술 및 수술비 등이 해당합니다.

① 입원하여 치료를 받는 탓에 일을 하지 못한 경우: 일하지 못한 날 동안의 수입 상당액에 대해서도 청구할 수 있다.
② 사고로 인하여 노동능력이 상실되거나 감소한 경우: 노동능력 상실에 따른 일실수익 또한 소극적 손해로 청구할 수 있다.
③ 정신적 손해에 따른 위자료 산정은 피해자의 나이, 당사자들의

관계, 가해자의 태도 등을 종합적으로 고려하여 정해진다.

04. 사랑은 안전하게

사람은 누구나 자기가 원하는 때에, 원하는 상대방과, 원하는 방식으로 성관계를 맺을 수 있어요. 이러한 권리를 법에서는 **성적자기결정권**이라는 말로 보호하고 있어요. 성관계에 따르는 결과와 책임 역시 빼 놓고 이야기할 수 없지요. 적절한 피임 도구의 사용은 피임뿐만 아니라, 성병 예방을 위해서도 매우 중요합니다. 파트너는 물론 자기 자신의 건강과 안전을 위해서라도 콘돔을 사용하지 않는 관계는 단호하게 거부할 수 있어야 해요.

문제는 성에 대해 드러내 놓고 이야기하지 못하는 사회적 분위기로 인해 적절한 교육을 받지 못한 10대에서 발병률이 높게 나타난다는 점입니다. 과거에는 미성년자가 콘돔을 구매하는 것이 어려웠으나, 현재는 가능하도록 바뀌었습니다. 간혹 업주가 자의적으로 미성년자에게 콘돔을 판매하지 않는 경우가 있으나, 일반 콘돔은 청소년 유해물이 아닙니다. 10대 청소년들의 성에 대한 올바른 안내와 사회적 인식 변화와 함께 제도의 뒷받침이 필요합니다.

×

낙태, 오랜 논쟁의 끝과 새로운 시작

2019년 4월 11일, 헌법재판소는 낙태죄 조항에 대해 헌법불합치 결정을 내렸다. 낙태죄 조항은 「모자보건법」이 정한 예외를 제외하고는 임신 기간 전체를 통틀어 모든 낙태를 전면적·일률적으로 금지하고, 이를 위반할 경우 형벌을 부과함으로써 임신의 유지·출산을 강제하고 있으므로, 임신한 여성의 자기결정권을 제한한다는 취지다. 따라서 낙태죄는 헌법에 위반되는 것으로 66년 만에 폐지되었다.

다만, 바로 위헌 결정을 할 경우 모든 낙태를 처벌할 수 없는 공백이 생기므로 약 6개월의 기한을 두고 새로운 입법을 할 것을 요청하였다. 이에 따라 새로운 「형법」 개정안이 나오고 있으니, 낙태죄는 왜 위헌판단

을 받았는지, 그리고 앞으로 나아가야 할 개정법의 방향은 무엇이 좋을
지 살펴보자.

낙태죄에 관한
이야기

01. 낙태는 누가 할까?

2019년 헌법재판소의 결정이 있기 전까지 낙태는
범죄였습니다. 그러면서 동시에 낙태하는 여성에 대한
부정적인 이미지가 만들어졌습니다. '자유로운 성생활을
즐기며 태아의 생명을 경시하는 무책임하고 이기적인 여
자'로 말이죠.

2018년 보건복지부 한국보건사회연구원에서 만 15~44세 여성 1
만 명을 대상으로 진행한 〈인공임신중절 실태조사〉에 따르면, 성 경
험 여성의 10%가 인공임신중절을 경험했다고 합니다. 그중 46.9%는
혼인하지 않은 상태였고, 50.9%가 법률혼 또는 사실혼 상태였습니
다. 생각보다 결혼한 부부가 낙태를 많이 하는 것을 알 수 있습니다.
인공임신중절을 하게 된 주된 이유로는 다음과 같아요.

▲ 학업, 직장 등 사회활동에 지장이 있을 것 같아서 → 33.4%

▲ 경제 상태상 양육이 힘들어서고용 불안정, 저소득 등 → 32.9%

▲ 자녀계획자녀를 원치 않아서, 터울 조절 등 → 31.2%

성 경험이 있는 여성 열 명 중 한 명은 이러한 이유로 낙태를 경험한다는 건데, 임신중절을 위한 수술과 약물 사용은 그 자체로 여성의 몸에 굉장한 타격을 주기 때문에 같은 경험의 반복을 원하는 사람은 아무도 없어요. 몸과 마음에 큰 충격을 주면서까지 인위적으로 임신중절을 할 수밖에 없었던 것이겠지요.

02. 피임과 (성적)자기결정권의 의미

만일 원치 않는 임신을 예방했더라면 어땠을까요? 바로 피임이지요. 가장 흔하고 손쉬운 피임 방법은 콘돔 사용입니다. 질외사정이나 배란 주기법은 피임법이라고 할 수 없어요. 용법에 맞게 정확히 사용했을 경우 콘돔의 피임 성공률은 약 96%라고 알려져 있습니다. 그마저도 중간에 찢어지거나 올바르게 착용하지 않았을 경우에는 피임 성공률을 더 낮추겠지요. 여기서 알아 두어야 할 것은 **완벽한 피임은 없다**는 겁니다. 여러 가지 이유로 '원치 않는 임신'이 발생할 수밖에 없다는 거죠. 그럼 이미 발생한 '원치 않는 임신'을 어떻게 대할 것인지가 우리에게 남은 숙제입니다.

여태까지 법은 그 원치 않는 임신을 중단하는 것에 대해, 아주 극단적인 예외를 제외하고는 전부 범죄로 취급하고 있었습니다. 이런 법이 사회 구성원들에게 주는 메시지는 "완벽한 피임이 불가능하다면, 아기를 무조건 낳거나 정말 아기를 낳을 각오를 한 때 외에는 성생활을 하지 말라."라는 것과 마찬가지죠.

이처럼 헌법재판소 결정문에서도 여러 번 반복되는 성적**자기결정권**의 의미는 단순히 '임신을 유지할 것인가, 말 것인가'는 정도에 그치는 것이 아니에요. "완벽한 피임 방법의 부재에도 불구하고, 원하는 때에 원하는 상대방과 원하는 방식으로 성생활을 할 수 있는가?"라는 질문부터 출발하는 것이죠. 이러한 권리가 보장되지 않는다면 성적 주체로서 스스로 아무것도 할 수가 없을 테니까요.

여기서 모순적인 것은, 불과 30여 년 전만 해도 인구정책이라는 명목하에 국가가 인공임신중절을 장려하며 지원했다는 것입니다. 출생순위에 따라 성비가 유독 다른 것도 국가에서 묵인했던 사실이에요. 또한 장애, 정신질환 등을 가진 사람들은 우생학을 기초로 한 불임수술을 당했습니다. 「모자보건법」은 여전히 우생학적 사유를 명시하고 있고요. 이러한 기준은 임신과 육아의 주체가 아닌, 국가의 산아제한 정책에 따른 것인데요. 저출산 시대인 지금에 와서야 '태아의 생명권'

을 이야기하지만, 여성의 자기결정권과 태아의 생명권보다도 우선하는 것이 국가의 선별적인 인구정책이었던 사실은 변하지 않습니다.

03. 여성의 자기결정권은 태아의 생명권과 충돌하는 것일까?

오랫동안 낙태죄는 여러 번 합헌 결정을 받아왔는데, 그 이유는 태아의 생명 보호라는 '공익'이 임신 전 기간에 걸쳐 다른 모든 가치에 비해 가장 우선한다고 판단했기 때문이에요. 마치 여성이 자기결정권을 내세우면 태아의 생명권이 훼손되는 것처럼 보이죠? 두 가지 가치가 양립할 수 없는 것처럼 말이에요.

임신을 경험해 본 여성이라면 이 대결 구도가 얼마나 허망한지 잘 알 거예요. 태아는 모체의 일부로 시작해서 '나'와 분리될 수 있는 것이 아닙니다. 태아를 해한다는 것은 곧 자기 자신을 해하는 것이기 때문에, '나를 위해서 태아를 해한다'는 애초에 불가능한 말이에요. 그 모순된 구도 속에서 여성들은 생명을 경시하는 이기적인 존재라는 비난을 견뎌내며 자기의 권리를 찾아왔어요.

이번 헌법재판소 결정문에서는 "임신한 여성이 임신을 유지 또는 종결할 것인지 여부를 결정하는 것은 여성이 스스로 선택한 인생관·사회관을 바탕으로 자신이 처한 신체적·심리적·사회적·경제적 상황에 대한 깊은 고민을 한 결과를 반영하는 전인적全人的 결정"이라고 선언했어요. 낙태할지 말지의 여부가 단순히 '선택'의 문제가 아니라, 그야말로 **임신한 여성의 인생과 인격 전체를 아우르는 중대한 결정**이라는 점을 인정한 셈이지요.

기존의 낙태죄 조항은 「모자보건법」이 정한 예외에 해당하지 않는 한, 모든 낙태를 전면적·일률적으로 처벌하고 있어, 언제든 국가가 마음만 먹으면 모든 낙태에 대한 단속을 강화해서 수사와 처벌을 할 수 있는 규정이었어요. 「모자보건법」이 정한 예외는 다음과 같아요.

① 본인이나 배우자의 우생학적·유전학적 정신장애나 신체 질환

② 본인이나 배우자의 전염성 질환

③ 강간 또는 준강간에 의한 임신

④ 혼인할 수 없는 혈족 또는 인척 간의 임신

⑤ 모체의 건강에 대한 위해나 위해 우려

다만, 예외사항이 한정되어 있어서 사회·경제적 사유로 인한 낙태 갈등 상황에는 대처하지 못한다는 지적을 받아왔어요.

현재 일어나는 인공임신중절의 대부분은 사회·경제적 사유로 인한 것이라고 보아도 무방합니다. 이러한 인간의 활동과 가치는 생물학적 존재로서의 인간과 떼어 놓고 생각할 수 있을까요? 인간은 태어나면서부터 사회적인 동물로서, 먹고 싸는 것 외에도 다양한 활동을 하며 삶을 이어나갑니다. 낳으면 키울 수 있어야 하지요. 그리고 자기의 삶도 유지할 수 있어야 해요. 현재 내 삶을 유지할 수 없는데, 출산하면 그것은 모두의 생명을 위태롭게 합니다. 이 말은 곧, **다양한 환경에서 태어난 아이들을 키울 수 있는 환경이 조성되어야 한다**는 의미이기도 합니다.

04. 사문화된 와중에 낙태죄로 처벌된 사례

앞서 본 조사 결과에 따르면, 상당수의 여성이 인공임신중절을 하는 것으로 보이는데, 실제로 낙태죄로 처벌된 사례는 거의 본 적이 없지 않나요? 이런 것을 두고 처벌조항이 **사문화**되었다고 합니다. 죽은 법률이나 마찬가지라는 뜻이에요. 그런데 간혹 처벌되는 사례가 있긴 합니다.

① 자신으로 인해 임신한 여성이 병원에서 낙태한 후, 자신을 만나지 않으려 할 때 상대 남성이 자기낙태죄로 고소하겠다고 위협

하는 경우

② 배우자가 이혼소송 과정에서 재산 분할이나 위자료 청구에 대

한 방어수단으로 낙태에 대하여 고소하는 경우

헌법재판소에서도 인정한 대로, 자기낙태죄 조항은 태아의 생명 보호를 위한다는 본래의 목적과 무관하게 헤어진 상대 남성의 복수나 괴롭힘의 수단, 가사·민사 분쟁의 압박수단 등으로 악용되고 있는 것이죠.

05. 낙태죄 폐지 이후에 나아가야 할 방향

아직도 어떤 사람들은 낙태죄가 폐지되면, 여성들이 무분별한 낙태를 일삼으며 생명 경시 풍조가 만연할 것이라고 우려합니다. 하지만 앞에서도 말했듯이 낙태는 모체에도 엄청난 충격과 지울 수 없는 상처를 남기기 때문에 우려하는 그런 일은 일어나지 않을 겁니다. 오히려 그동안 음지에서 위험하게 행해지던 인공임신중절술로 목숨을 잃고 건강을 해치던 여성들이 안전하고 위생적인 곳에서 합법적으로 처치 받을 수 있게 되겠지요.

낙태 문제 해결에서 가장 중요한 것은 낙태를 처벌할 것이냐, 아니

나의 문제가 아닙니다. 낙태를 행하는 개개인을 처벌하는 것은 문제 해결을 포기하는 것과 마찬가지예요. 여성들이 심리적, 육체적으로 무리하면서까지 낙태를 하는 이유를 분명히 살펴봐야 합니다. 여태까지는 형사처벌의 위험도 감수하면서까지 말이죠.

답은 어찌 보면 간단합니다. 낳아서 기를 수 있는 환경을 마련하면 됩니다. 사람들이 갈수록 아이를 낳지 않는 이유는 자기 삶을 물려 주고 싶지 않다는 것, 즉 이 사회가 살 만하지 않다는 의미입니다. 가장 근본적이고 단순하지만 어려운 해결 방법이에요. 여태까지는 이 방법을 알면서도 외면했던 건 아닐까요?

"한 아이를 키우는 데는 온 마을이 도와야 한다."라는 말이 있습니다. 그만큼 한 생명이 자라나는 데 많은 사람들의 손길과 시간이 필요하다는 뜻이지요. 여기서 한 걸음 더 깊이 들어가면, 한 마을에서 키운 그 아이는 부모나 가족을 넘어서 그 공동체의 한 구성원이라는 말이기도 해요. 아주 어린 아기일 때부터 우리 사회 구성원으로 인식하고, 함께 행복하게 사는 방법을 고민해 보면 좋겠습니다.

미혼모의 권리와 현실

01. 낳을 권리, 키울 권리

낙태 이야기를 했으니 낳아서 기르는 이야기를 해 봅시다. 혼인 관계에 있지 않은 상태에서요. 생물학적 부모가 함께 양육하지 않는 상황에서 아기가 태어난 경우, 대부분은 엄마가 출산과 그 이후를 감당해야 하는 일이 일어납니다. 최근에는 **자발적 비혼모**가 등장하기도 했지만, 대부분은 엄마가 미성년자이거나 주변의 지지를 받기 어려운 경우가 많아요.

최우선으로는 아기를 낳기로 선택한 엄마임신당사자가 아기를 안전하게 낳아 키울 수 있도록 지원해 주어야 합니다. 여성가족부에서 운영하는 미혼모자 가족복지시설에 입소하기 위해서는 관할 지자체에 신청 후 상담을 거쳐야 합니다. 일시적인 주거 지원 형태이지요. 이렇게 저소득층 한부모가족을 위해서 주거 임대, 주거자금 등의 지원 사업이 있어요. 일단은 머무를 공간이 필요하겠죠.

또 아이가 어리면 경제활동이 어려우니, 아이를 봐주거나 경제활동을 할 수 있도록 하는 최소한의 지원이 필요합니다. 지자체별로 미혼모에 대한 양육 및 자립 지원을 하고 있는데, 출산 병원비와 양육 용품을 지원하는 것부터 해서 친자 검사비 지원, 지역 유관기관 연계 지원 등이 있습니다. 또한 재학 중 임신으로 학업 중단 위기를 맞은 청소년들을 위해 대안교육위탁 사업도 진행하고 있어요.

과거에는 오랫동안 입양기관이 미혼모 시설을 운영하는 것이 가능했으나, 2011년에 「입양촉진법」이 「입양특례법」으로 전면 개정되면서 이러한 부설 시설이 금지되었어요. 이런 시설 구조에서는 미혼모 보호라는 미명하에 출산 전부터 입양 동의서에 서명을 하고 사실상 임신 당사자에게 양육과 입양에 대해 선택할 권리를 주지 않았어요. 미혼모가 아이를 낳아 키울 형편이 안 된다고 하여 당연하다는 듯 아이를 입양시키라고 권유할 순 없습니다. 낳아서 키울 수 있도록 지원

하는 것이 우선이 되어야 합니다. 미혼모가 아이를 키울 수 있는 사회
라면 누구나 아이를 기르기 좋은 세상이라는 뜻이겠지요.

연번	시도	사업수행기관명	전화번호
1	서울	서울시한부모가족지원센터	02-861-3020
2	서울	한국한부모가족복지상담소 (구: 나너우리한가족센터)	02-704-4750
3	부산	부산미혼모 · 부자지원센터	051-253-5235
4	대구	대구서구건강가정 · 다문화가족지원센터	053-355-8042
5	인천	계양구건강가정 · 다문화가족지원센터	032-541-2860
6	광주	광주남구건강가정 · 다문화가족지원센터	070-4204-6314
7	대전	대전시건강가정 · 다문화가족지원센터	042-932-9991
8	울산	물푸레 복지재단	052-903-9200
9	경기	안산시건강가정지원센터	031-501-0033
10	강원	재단법인 착한목자수녀회	033-264-3655
11	충북	청주새생명지원센터	070-7725-6905
12	충남	천안시건강가정지원센터	070-7733-8318
13	전북	전주시건강가정지원센터	063-231-0386
14	전남	여수시건강가정 · 다문화가족지원센터	061-692-4172
15	경북	칠곡군건강가정 · 다문화가족지원센터	054-975-0831
16	경남	경남한부모가족지원센터	070-4334-5335
17	제주	제주시건강가정 · 다문화가족지원센터	064-725-7015

02. 양육비를 주지 않는 아빠들

양육에 필요한 비용은 부모가 공동으로 부담하는 것이 원칙입니다. 양육자가 부모 일방일 경우에는 양육자가 아닌 상대방에게 자기 부담 몫만큼 양육비를 청구할 수 있어요. 출생 시부터 아이가 성인이 될 때까지 지급해야 해요. 양육에 관한 사항은 누가 친권을 행사하는지, 누가 현실로 양육하고 있는지와 무관하게 친자관계의 본질로부터 발생하는 것이기 때문이죠.

미혼모가 친부를 상대로 양육비를 청구하려면, 먼저 아이와 아빠 간의 법률적인 친자관계를 형성해야 합니다. 친자관계를 인정받는 방식에는 두 가지가 있어요.

①아빠가 스스로 "이 아이는 내 아이다."라고 '인지'하는 것
②인지청구소송을 하는 것

①은 그냥 시ㆍ구, 읍, 면의 장에게 인지신고서를 제출하면 됩니다. 그런데 아빠가 자발적으로 인지를 하지 않는 경우 문제가 되겠죠? 이때가 ②에 해당합니다. **인지청구소송**은 법원을 통해서 강제로 진행하는 방법입니다. 이 소송 중에 유전자 검사 등을 하게 돼요.

이렇게 친자관계를 확인하고 나면, 양육비를 청구하는 소송을 할 수 있어요. 양육비는 출생과 동시에 당연히 발생하는 의무이므로 친부로 인지되기 전의 기간에 대해서까지도 청구할 수 있답니다. 만약 친부에게 양육비를 청구하지 않겠다는 포기 각서를 썼다 하더라도, 이는 법적으로 효력이 없습니다.

2019년 5월 '배드파더스'라는 사이트에서 개인정보가 공개된 다섯 명이 사이트 운영자를 명예훼손 혐의로 고소한 사건이 있었어요. 배드파더스는 양육비를 주지 않는 부모들약 90%가 아빠의 신상정보를 공개한 사이트입니다. 홈페이지에 약 400명의 이름과 사진이 공개되어 있어요. 이 사이트의 취지는 '아빠의 초상권보다 **아이의 생존권**이 더 우선시되어야 할 가치라는 믿음'에서 출발한 것이지요. '사실적시 명예훼손죄'의 위헌성에 대해서는 꾸준히 문제 제기가 되고 있고요. 다만 최근 헌법재판소에서는 다시 한 번 사실적시 명예훼손죄의 합헌성을 인정했습니다.

양육비를 지급하지 않는 경우의 법적 조치에 대해서는 파트 4에 자세히 안내되어 있습니다. 그런데 이런 수단이 있음에도, 배드파더스란 사이트가 만들어진 데는 이유가 있습니다. 법원이 양육비 이행 명령을 내려도 위반 시 처벌은 '감치 처분'인데 현실적으로 효과가 크지 않기 때문이죠. 이에 국가가 나서서 제도적으로 해결해야 한다는 주장이 오랫동안 제기되었습니다.

국가가 먼저 양육비를 지급하고 양육 의무자에게 구상하는 방식이 가장 실효성 있는 방법일 거예요. 마치 임금체불의 경우 국가가 먼저 체당금을 지급하는 것과 유사하지요? 임금이 근로자들의 생존과 직결된 문제인 것처럼, 양육비는 아동과 양육자의 생존과 직결된 문제이기 때문이에요. 더 이상 개개인들의 자발적 이행과 민사적 해결에만 의존하기는 어려운 실정입니다. 오죽하면 명예훼손 처벌의 위험을 감수하면서까지 인터넷에 실명과 얼굴을 공개하게 되었을지, 그 절박함이 고스란히 느껴지지 않나요?

03. 개정 입양법의 내용과 오해

아이를 낳아서 기르기가 곤란할 경우, 입양을 고려할 수 있습니다. 「입양특례법」에서는 아동의 이익을 최우선으로 하여 그가 태어난 가정에서 건강하게 자라도록 하되, 곤란할 경우 국내입양을 우선으로, 국외입양은 감축하는 방향으로 설정했습니다.

〈양친이 될 자격(「입양특례법」 제10조)〉

① 양친이 될 사람은 다음의 요건을 모두 갖추어야 한다.

· 양자를 부양하기에 충분한 재산이 있을 것

· 양자에 대하여 종교의 자유를 인정하고 사회의 구성원으로서 그에 상응하는 양육과 교육을 할 수 있을 것

· 양친이 될 사람이 아동학대 · 가정폭력 · 성폭력 · 마약 등의 범죄나 알코올 등 약물중독의 경력이 없을 것

· 양친이 될 사람이 대한민국 국민이 아닌 경우 해당 국가의 법에 따라 양친이 될 수 있는 자격이 있을 것

· 그 밖에 양자가 될 사람의 복지를 위하여 보건복지부령으로 정하는 필요한 요건을 갖출 것

② 양친이 될 사람은 양자가 될 아동이 복리에 반하는 직업이나 그 밖에 인권침해의 우려가 있는 직업에 종사하지 아니하도록 하여야 한다.

③ 양친이 되려는 사람은 입양의 성립 전에 입양기관 등으로부터 보건복지부령으로 정하는 소정의 교육을 마쳐야 한다.

과거에는 친생부모와 양부모의 개인적인 합의만으로 입양이 가능했었는데, 현재는 가정법원의 허가를 받도록 하고 있어요. 법원의 허가로써 입양이 성립되고 나면 현재 친생부모와 아동의 법적인 권리의무관계는 단절되어 아동에 대한 친권 회복이 어려우므로 신중히

결정해야 합니다.

신중하고도 진정한 의사결정을 위해 아이의 출생일부터 1주일이 지난 후에 친생부모가 입양 동의를 할 수 있습니다. 과거에 없던 숙려기간을 마련한 것이지요. 입양이 성립되기 전에는 언제든 입양 동의를 철회할 수 있는데, 이 일주일의 숙려기간도 너무 짧다는 지적이 있어요.

양자가 된 사람은 아동권리보장원 또는 입양기관이 보유하고 있는 자신의 입양정보에 대한 공개를 청구할 수 있어요. 이때 아동권리보장원 등은 친생부모의 동의를 받아야 합니다. 개정 「입양특례법」에 대해, "입양 전에 출생신고를 강제하는 바람에 출생신고를 두려워하는 친부모가 아이를 유기하는 문제가 있다."라고 지적하는 견해도 있으나, 출생신고는 원래 마땅히 해야 할 국민의 의무입니다. 입양 이후에는 친생부모미혼모, 양부모, 입양아동의 가족관계증명서상에 입양에 관련한 어떠한 사항도 나타나지 않아요.

한 사람이 일생을 살아가면서 자신의 뿌리를 찾는 것은 당연한 이치이며 권리입니다. 입양부모든, 친생부모든 누구도 그것을 막을 수는 없어요. 오히려 아동이 건강하고 행복하게 성장하기를 바란다면, 아동의 정체성에 대한 권리가 강력하게 보장받을 수 있도록 우리 모두가 힘을 보태야 하겠죠?

당당한 직장생활을 할 권리

PART 3

XXX

김하영 변호사

제1장

×

당당하게 일자리 구하기

단단히 준비한 면접장에서 어쩐지 나 자신이 한없이 초라해진다. 나만 그랬던 걸까? 나는 첫 직장 면접을 볼 때 결혼을 한 상태였는데, 면접관에게 "그래서, 아이 계획은?"이라는 질문을 받았을 때가 지금도 생생하다. 당시 아이가 찾아오면 언제든 기쁘게 맞이하겠다는 마음이었음에도 면접장에서는 출산은 미루고 일에 전념하겠다고 답변했다.

표리부동한 답변이 참 구차하다는 생각과 동시에 분한 마음도 생겼던 것 같다. 그런 질문을 한 면접관이 괘씸해 보이기도 했다. 일과 상관없는 질문을 하는 것은 반칙 아닌가?

우리는 일자리를 구할 때 간혹 여자라서, 결혼한 여자라서, 아이가 있는 여자라서 무언가를 증명해내거나 설명해야 하는 상황에 처하곤 한다. 나의 실력, 열정과는 상관없는 것인데도 말이다. 그래서 차별받지 않고 새로운 일자리를 구하고, 일터에서 당당하게 일을 시작하기 위해서 알아야 할 것들에 관해 이야기해 보려 한다.

01. 고용상의 차별 제대로 알기

고용상의 '차별'이란 사업주가 근로자에게 성별, 혼인, 가족 안에서의 지위, 임신 또는 출산 등의 사유로 합리적인 이유 없이 채용 또는 근로조건을 다르게 하거나 불합리한 조치를 하는 것을 말합니다. 법은 임금, 사내 복지, 승진, 정년퇴직이나 해고 등에서 남녀를 차별하여서는 안 된다고 분명히 규정하고 있어요.

이러한 원칙은 채용 단계에서도 마찬가지입니다. 법은 "직무 수행에 필요하지 않은 용모, 키, 체중 등 신체적 조건, 미혼 등의 조건을 제시하거나 요구해서는 안 된다."라고 정하고 있습니다. 임신 또는 출산할 경우 퇴사하기로 하는 등의 약정은 해서도 안 되고, 설령 그러한 약속을 하였더라도 법에 위반되므로 무효입니다.

채용계획 수립 시 성별에 따라 선발 인원수를 정하는 것, 직무나 직군에 따라 성별을 나누어 모집하는 것, 성별을 구분하여 서류심사를 받거나 통과시키는 것, 최종선발 인원의 성비를 조정하는 것 등은 모두 법에서 금지하고 있는 **채용차별**입니다. 일례로 신입사원 선발을 하면서 군필자와 지역인재를 뽑는다는 명목으로 여성의 면접점수와 순위를 낮추어 탈락시킨 A기업의 사장은 「남녀고용평등법」 위반으로 징역 4년에 처했습니다.

우리가 피부로 채용차별을 느끼는 곳은 보통 면접장인데요. 면접 시 여성들이 흔히 듣는 질문들은 어떤 것들이 있는지 한번 살펴봅시다.

- 남자들이 하는 일인데 여자가 할 수 있겠어요?
- 여직원이니까 잡일도 해야 해요. 차 대접도 할 수 있어요?
- 결혼 계획은 있나요?
- 아이가 있는데 직장 다닐 수 있겠어요? 아이가 아프면 어떻게 할 건가요?
- 서비스직이라 치마만 입어야 하는데 괜찮겠어요? 물론 화장도 하고 다녀야 합니다.
- 너무 안 꾸며서 학생처럼 보이네요.
- 기가 세 보이네요.

이러한 발언들은 모두 법에서 금지하고 있는 질문입니다. 다음의 체크리스트를 통해 나의 채용절차가 기울어진 운동장은 아니었는지 한번 점검해 볼까요?

〈차별 클린 채용 셀프 체크리스트〉

1. 합리적인 이유 없이 채용공고에 성별을 구분한 선발 인원수가 있다.	
2. 합리적인 이유 없이 채용공고에 성별로 직무가 분리되어 있다.	
3. 채용공고에 특정 여성에게만 특별한 채용조건이 제시돼 있다.	
4. 입사지원서 양식에 합리적인 사유 없이 성별을 구분하는 항목이나, 결혼 상태에 대한 항목이 있다.	
5. 면접심사위원 중 여성이 한 명도 없는데, 이에 대한 합리적인 이유를 설명하지도 않았다.	
6. 면접 시 직무수행과 상관없는 신체조건, 결혼, 임신, 출산계획에 대한 질문을 받았다.	
7. 면접 시 직무수행과 상관없는데 여성에 대한 고정관념을 내보이거나, 성적 수치심을 유발하는 질문을 받았다.	
8. 면접 시 직무수행과 상관없는데 성희롱에 어떻게 대처할 것이냐, 회식이나 야근이 가능하냐는 질문을 받았다.	
9. 면접 시 성별을 이유로 남녀가 다른 질문을 받았다.	
10. 면접 시 여성이라는 이유로 응답 기회를 덜 주었다.	

* 출처: 성별균형 포용성장 파트너십 〈성평등 일자리, 차별 없는 채용이 만듭니다〉

02. 차별에 당당히 맞서는 방법(남녀고용평등법)

먼저 직장 내 여성을 차별하는 내부 규정이 있다고 생각해 봅시다. 사장님이 여차여차 이상한 핑계를 갖다 붙이고, 우리 사업장 관행이라 어쩔 수 없다고 설명하지만 뭔가 느낌이 싸한가요? 이런 사규는 법에 위반되기 때문에 효력이 없습니다. 있어도 없다는 말이죠. 사장님의 결정이 법 위에 있을 수는 없거든요. 근로자들의 근로조건에 차이를 두는 것은 일의 내용, 권한과 책임 등을 중심으로 결정할 일이지, 성별이 결코 기준이 되어선 안 됩니다.

어떤 근로조건이 차별적이라는 사실을 지적하고 개선해 달라고 요구해서 고쳐진다면 좋겠지만, 현실적으로 어려운 경우가 많죠. 그렇다면 차별적 처우를 당한 경우, 제도적인 도움을 받고 싶을 때 어떻게 대응해야 할까요?

제일 먼저 소개하는 것은 고용상 성차별 익명신고 센터*입니다. 참고로 모집 및 채용단계에서 남녀를 차별하거나 여성 근로자에게 직무 수행에 필요하지 않은 용모, 키, 체중, 미혼 조건 등을 요구한 경우 500만 원 이하의 벌금에 처하게 되므로, 구직자들도 당연히 채용단계에서의 차별에 대해 문제를 제기할 수 있습니다.

*고용상 성차별 익명신고 링크 접속

2021년 5월, 「남녀고용평등법」이 개정되면서 직장 내 성차별에 대한 문제 제기와 실질적인 구제를 받을 수 있는 제도들이 상당히 보강되었습니다. 다음의 제도들은 2022년 5월 19일부터 시행됩니다.

①노동위원회에 시정을 신청할 수 있습니다. 노동위원회는 즉시 해당 사업장에 대한 조사에 착수하고, 조사 결과 차별적 처우에 해당한다고 하면 시정명령을 내리도록 되어 있습니다.

②근로자에게 손해가 발생한 경우 손해배상도 받을 수 있습니다. 만일 차별적 처우가 명백히 고의적이거나 반복되었다면 손해액의 3배까지 배상을 명령할 수 있습니다.

그리고 이러한 모든 과정에서 사업주가 '차별적 처우가 아니었다'는 점을 증명해야 합니다. 이것은 근로자가 '차별적 처우였다'는 사실을 증명하지 않아도 된다는 점에서 법적으로 중요한 의미가 있고, 실제로도 근로자들의 증명 부담을 대폭 줄여줍니다.

03. 근로계약서 요구하기

돈을 받고 일하는 관계에서 계약서는 반드시 챙겨두어야 합니다. 특히 근로관계에서는 계약서를 반드시 주도록 법이 강제하고 있습니다. 근로자가 어떤 조건에서 일할지를 명확히 하기 위함인데요. 임금,

근무시간, 휴일, 휴가에 대해서는 반드시 종이에 적어서 주도록 되어 있습니다. 이것은 근로자로서 가지는 가장 기초적이자 핵심적인 권리이니, **근로계약서**는 반드시 남겨두어야 합니다.

일을 시작하려고 하는데 근로계약서를 주지 않거나, 혹은 달라고 했는데 주지도 않으면서 뭐라고 한다면, 그야말로 사업주로서의 기본 개념이 없는 '노답' 사업장이며 '손절각'을 재야 하는 상황이라고 봐도 무방한데요. 너무나도 당연한 권리이니 당당하게 요구하고, 그래도 요구를 들어주지 않는다면 조용히 관할 '고용노동청'에 신고합시다추천 검색어: 노동청.

04. 미성년 근로자의 경우

근로 현장에서 책임 있게 일하는 모든 청소년을 응원합니다! 일하는 청소년이라면 알아야 할 몇 가지 내용을 체크해 볼까요?

· 종이로 된 근로계약서를 받았나요? 근로계약서에는 근무시간과 급여가 반드시 쓰여 있어야 합니다.
· 급여가 최저임금을 넘나요? 검색창에 '올해의 최저임금'을 검색해 보세요. 최저임금보다 적은 돈을 주는 사업주는 고용노동

청에 신고합시다.

· 퇴근 시간 이후까지 근무했나요? 또는 밤 10시 이후에 일했나요? 추가로 50%의 임금을 더 받아야 합니다. 야간근무가 추가 근무이기도 했다면 100%의 임금을 더 받아야 합니다.

· 1주에 15시간 이상 일하기로 해서 실제로도 15시간 넘게 일했나요? '주휴수당'이 발생하기 때문에 추가로 받을 돈이 있답니다.

제2장

×

헌법이 보장한 모성 행사하기

모성은 헌법이 보호한다는 사실, 알고 있었는가.

우리 헌법은 "국가는 모성의 보호를 위해 노력하여야 한다."라고 규정하고 있다. 모성은 후속세대의 절대적 전제이자, 국가가 존재하기 위한 근원이기 때문이다. 무려 헌법이 보호해 주는 모성은 직장에서 어떤 보호를 받는지 함께 알아보자.

01. 생리휴가

한 달에 한 번, 여자라면 누구나 겪는 생리 기간. 여성에 따라서 업무에 집중하기 어려울 정도의 고통을 겪기도 합니다. 우리나라 법은 여성 근로자가 생리 기간에 무리하게 근로하는 것을 예방하기 위해 생리휴가를 제도적으로 보장하고 있습니다. 다만, 무급이에요.

사용자는 여성인 근로자가 요구할 때 월 1일의 생리휴가를 주어야 합니다. 당연히 실제 생리 기간에 사용해야 하고, 사용자에게 미리 통보하도록 정하고 있지요. 예를 들어 임산부, 폐경 상태라면 생리휴가를 사용할 수 없어요.

법이 정하고 있기 때문에 사장님 마음대로, 회사 마음대로 "우리는 생리휴가 그런 것 없어."라고 할 수 없답니다! 연령, 정규직 또는 비정규직 등 근로 형태, 개근 여부와는 상관없이 보장받을 수 있습니다. 사업장에서 어떠한 이유를 들어 생리휴가를 보장하지 않고 있다면, 그것은 500만 원 이하 벌금에 처하는 행위입니다.

생리휴가를 주는 것이 원칙이기 때문에 만일 진짜 생리를 했는지를 따져야 하는 상황이 온다면, 원칙을 깨겠다고 주장하는 사용자 측이 진단 비용을 부담해야 합니다.

02. 출산휴가

임신을 계획하거나 출산을 앞둔 분들은 출산휴가에 대해 한 번쯤은 찾아봤을 거예요. 한마디로 정리하자면, 출산을 하면 **90일** 동안 **돈을 받으며** 쉴 수 있습니다. 이때, 휴가 기간은 출산 후 45일이 되어야 해요. 분만이 늦어져 조금 일찍 휴직에 들어가서 전체 출산휴가 기간 90일을 초과하더라도, 출산 후에는 무조건 45일을 쉴 수 있습니다.

쉬는 동안에도 돈은 나오는데요. 엄밀히 말하면 월급이 자동으로 나오는 것은 아니고, 월급정확히는 통상임금 상당액의 돈출산휴가 급여을 청구할 수 있습니다. 이때 받는 돈은 회사와 고용보험이 나누어 부담합니다. 웬만한 규모의 기업체가 아닌 이상 90일 전부를 고용보험에서 지원해 줍니다.

따라서 "우리 회사는 너 쉴 때 월급 줄 여유가 없어서 출산휴가 못 준다."라는 핑계는 말이 안 되는 거죠. 회사는 내 월급을 고용보험에서 전부 지원받을 테니까요. 다만, 고용보험 가입 기간이 180일 미만이거나 미가입자인 경우 이 부분에서는 차이가 발생하므로, 관련 내용을 지역 고용노동청에 상담해 보세요추천 검색어: 고용보험 미적용자 출산급여.

참고로 고용보험 홈페이지에서는 **출산휴가 급여 모의계산** 서비스를 제공하고 있어요.* 나아가 직장의 취업규칙, 단체 협약 등에 출산 시 회사에서 제공하는 혜택을 정해 놓은 경우가 많아요. 따라서 회사에서 먼저 언급하지 않더라도 위와 같은 문서에서 약속한 조건은 지켜져야 하므로, 미리 꼼꼼하게 살펴보는 것도 좋습니다.

*출산휴가 급여 모의계산 링크 접속

03. 육아휴직 및 육아기 근로시간 단축

아이를 낳아보면 내 아이가 정말 보석 같이 느껴집니다. 저도 로펌에서 바쁘게 일할 때 큰아이를 출산했었는데, 출산 후 84일 만에 일터에 복귀했었거든요. 그때는 하루빨리 복귀하지 않으면 일터에서 주어진 기회를 놓칠 것 같은 불안감에 일찍이 단유하고 다이어트도 한 후 서둘러 복귀했어요. 육아휴직을 한두 달이라도 쓰고 아이에게 젖이라도 한 번 더 물릴 걸, 인생에서 후회되는 몇 안 되는 결정 중 하나랍니다.

육아휴직은 출산휴가에 이어서 사용하는 경우가 많긴 하지만, 원칙적으로는 **만 8세 이하 또는 초등학교 2학년 이하 자녀**를 양육하기 위해 사용할 수 있는 휴직제도입니다. 법률이 보장하는 휴직 기간은 1년이고 두 번으로 나누어 쓸 수 있으며, 근속기간에 포함됩니다. 최근 개정된 법에 의하면 임신 중에도 육아휴직을 쓸 수 있으며, 이때 쓴 횟수는 분할 횟수에 포함되지 않아요.

그렇다면 육아휴직 기간에 월급은 나올까요? 엄밀히 말하면 월급은 나오지 않아요. 회삿돈 안 받고 쉬는 것이긴 합니다. 그런데 고용보험에서 나오는 돈이 조금 있지요. 육아휴직 3개월까지는 통상임금의 80% 선, 4개월부터는 50% 선의 돈을 지원해 줍니다. 다만 하한과 상한이 있어서 70~150만 원에서 결정됩니다. 이 돈은 한 번에 나오지 않는다는 것을 기억해 두어야 합니다.

예를 들어 고용보험에서 받을 돈이 월 100만 원이라고 하면, 75만 원은 휴직하는 동안 매달 월급처럼 넣어주고, 나머지 25만 원은 복직해서 6개월 이상 근무를 하면 일시불로 준답니다. 위에서 설명했듯이 고용보험에서 나오는 돈이기 때문에, 고용보험 가입과 연동돼 있어서 고용보험 가입 기간이 짧거나 미가입 상태인 경우라면 추가로 확인해 볼 것들이 있다는 점 다시 한번 점검해 보길 바랍니다추천 검색어: 고용보험 미적용자 육아휴직급여.

아이가 만 8세 이하라면 일하는 시간을 조금 조절해 볼 수도 있어요. 법에 따라 보장된 권리거든요. 그 직장에서 6개월 이상 근무한 사람이라면, 주당 15~35시간 범위에서 근무시간을 줄일 수 있습니다. 그리고 근무시간을 줄인 후에는 원칙적으로 연장근로를 시켜서는 안 돼요. 이러한 근로시간 단축은 1년간 보장되어 있답니다.

04. 가족 돌봄을 위한 휴가, 근로시간 단축 및 휴직

코로나19 초기에 갑자기 아이들이 학교에 가지 못해, 일하는 양육자들이 있는 휴가 없는 휴가를 탈탈 털어서 보육 공백을 채웠던 사태가 있었어요. 이때 많이들 쓰셨던 것이 **가족 돌봄** 휴가 등이었는데요. 코로나19 사태가 장기화되며 정부가 급하게 '가족 돌봄 휴가' 10일을 추가로 부여하기도 했습니다. 지나고 보니 휴가 열흘로는 턱없이 부족했지만, 당시에는 가뭄의 단비 같은 소식이었지요.

가족 돌봄 휴가는 자녀 또는 손자녀의 질병, 사고, 양육 등으로 인하여 긴급하게 돌봄이 필요할 때 쓸 수 있는 휴가입니다. 1년에 10일이 보장되고 1일 단위로 쓸 수 있어요. 사정이 장기화되어 내가 아니면 아이들을 돌볼 수 없어서 일을 쉬어야 할 정도인 경우라면 **가족 돌봄 휴직**을 생각해 볼 수도 있어요. 이는 그 직장에서 6개월 이상 근무한 근로자에게 보장되는 권리인데, 최대 90일까지 휴직을 할 수 있습니다.

×

직장에서 내 몸과 마음 지키기

여자들은 직감적으로 안다. 이 터치가 실수인지, 의도적인 것인지. 이 말에 성적인 의도가 깔려 있는지, 아닌지.

직장 생활을 하는 여성들은 직장 동료, 거래처 상대방 등으로부터 크고 작은 성희롱, 성추행에 노출되곤 한다. 무려 2021년인데 말이다. 생각만으로도 화가 치밀어 오른다. 이 주제를 '모든 여성이 언젠가 한 번쯤은 겪어본 바로 그 경험'을 전제로 이야기하는 것 자체가 속상하다. 언젠가 성적 대상이 될 수도 있다는 잠재적 두려움, 실제 성희롱이나 성추행을 겪었을 때의 분노와 절망, 사건 이후에 조직 내에서 피해자에게 부당하게 씌워지는 억울한 프레임 등 어느 한구석 화가 나지 않는 부분이 없다.

나도 20대 초반 인턴을 나갔다가, 담당 지도관이 늦은 시간 여자 인턴들을 따로 불러 술자리를 만들고 자신의 성생활을 과시하며 희롱하였던 경험이 있었다. 그때 그것이 성희롱이었음을 명확히 인지하지 못했던 것, 부당한 희롱을 중단할 것을 분명하게 말하지 못한 것이 지금도 너무 후회되고, 그때만 생각하면 속이 부글부글 끓어오른다.

20대 초반의 인턴이었던 나는 당시 어떻게 대응했어야 했을까? 직장 내 성희롱 또는 성추행, 괴롭힘 등으로부터 우리는 자신을 어떻게 지켜야 할까?

01. 직장 내 괴롭힘

업무의 적정 범위를 넘어 직원에게 신체적, 정신적 고통을 주는 소위 **직장 갑질**을 직장 내 괴롭힘이라고 합니다. 직장 내 괴롭힘의 모든 유형을 열거하기는 어렵지만 폭언이나 협박, 때리거나 물건을 던지는 등 신체적 위협, 개인적인 심부름을 반복적으로 시키기, 집단 따돌림, 의도적인 무시, 업무배제, 최소한의 시간도 보장되지 않는 과도한 업무 부여 및 독촉, 다른 직원들 앞에서 모욕, 고정 관념적 성 역할 강요 등을 들 수 있습니다.

그동안 직장 내 괴롭힘으로 인정된 사례들을 살펴보면 다음과 같아요.

· 육아휴직에서 돌아온 직원에게 부수적인 업무를 주고 **따돌림**을
  지시한 경우
· 술자리를 만들 것을 반복적으로 요구하고 응하지 않을 경우 인
  사상 불이익을 주겠다고 말한 경우
· 재계약 결정권을 가진 매니저가 폭언을 일삼은 경우
· 퇴근 이후 주말, 저녁 시간에 술에 취해서 모바일 메신저 단체채
  팅방에 하소연하는 글을 올리고 대답을 안 하면 왜 안 하냐고 답
  을 요구하여 팀원들을 힘들게 한 경우
· 상사가 가족의 개인적인 업무를 시킨 경우
· 냉면 사발에 폭탄주를 마시게 하는 등 폭음을 강요한 경우
· 장기자랑 준비를 강요한 경우

02. 직장 내 성희롱

직장 내 성희롱은 직장 내 지위를 이용해서 업무와 관련하여 말이
나 행동으로 성적 굴욕감 또는 혐오감을 느끼게 하거나, 성적인 요구
등에 응하지 않았다고 불이익을 주는 것을 말합니다.

업무와 관련성이 있다면 근무시간 또는 근무 장소 외에서 발생한
것도 포함되고, 명시적 거부 의사를 표현하지 않았더라도 내가 원하

지 않는 성적 의미가 내포된 언동은 포함될 수 있습니다. 이러한 언동이 단 1회뿐이어도 직장 내 성희롱은 성립합니다.

03. 나 스스로 대응하는 방법

직장 내 성희롱 · 성폭력에 대처하는 방법

꼭 말하고 싶은 것은 직장 내 괴롭힘, 성희롱 등은 결코 일어나서는 안 되는 일이라는 점입니다. "내가 예민한 걸까?"라는 생각은 넣어두세요. 가해자의 잘못이지 내 탓이 아닙니다. 직장 내 괴롭힘이나 성희롱 등은 나의 인권을 침해하는 불법행위임이 분명합니다.

가장 먼저 무엇이 문제인지 생각해 봅니다. 내가 가해자에게 그러한 행동을 그만해 달라고 말해서 과연 해결될 문제인지를요. 가장 중요한 것은 내가 그러한 행동이 싫다는 의사를 분명히 밝히는 것이기 때문이죠. 현장에서 거부 의사를 밝히지 못했다면 빠른 시일 내에 의사를 전달하는 것이 필요해요.

그러나 거부 의사를 표현하는 게 현실적으로 어려운 경우가 많죠. 따라서 직장 내에서 문제를 함께 해결해 줄 수 있는 믿을 만한 상사나 동료에게 이야기를 꺼내 보는 것이 좋습니다. 이 정도 선에서 해결이 된다면 다행이지만, 그렇지 않은 경우에는 회사 내에 정식 절차를 진행하는 것을 고려해 봐야 합니다.

또한 지속적이고 반복적인 문제임에도 곧바로 대응하지 못했다고 해도 너무 걱정하지 마세요. 일단은 벌어진 피해 상황을 그때그때 최대한 구체적으로 기록해 두는 것이 좋습니다. 당시 상황에 대한 메모, 사진, 당시의 목격자 등을 기록해 둡니다. 당시 나의 감정도 자세히 적어두는 게 도움이 됩니다. 특히 우리나라는 대화자 간의 녹취가 합법이므로, 가해자의 발언이나 상황을 녹음해도 됩니다. 치료받은 기록이 있다면 치료 기록도 자세히 남겨둡니다.

다음으로는 이 고통을 해결하기 위해, 나는 어떤 해결방법을 원하는지를 생각해 봅니다. 가해자에 대한 징계, 가해자의 사과, 가해자의 재발 방지 약속, 사과문 게시, 회사 시스템의 개선, 가해자와 나의 분리조치, 휴가 등 어떤 것이 나를 지키기 위해 필요한지 정리해 봅니다. 그리고 그러한 절차에서 걱정되는 것이 무엇인지도 생각해 봅니다.

04. 직장 내에서 문제 제기를 하는 방법

회사 내에는 고충 처리 담당자가 지정된 경우가 많습니다. 성희롱 등의 문제에 대해서는 담당자나 담당 조직이 정해져 있을 거예요. 누가 담당자인지 잘 모를 경우 믿을 만한 상사에게 문제를 제기해서 이 사건을 회사 차원에서 정식으로 다루어 줄 것을 요구하면 됩니다. 내가 문제를 제기했다는 사실이 분명해지도록 이메일 등으로 사건 접수를 하는 편이 좋습니다. 사건이 접수되면 상담과 조사가 진행될 거예요.

처음 문제를 제기할 때 정해진 서식이 있는 것은 아니지만, 저의 경험상 다음의 내용을 쓰는 것이 좋아요.

· 가해자가 어느 부서의 누구인지
· 어떤 일이 발생했는지
· 이 사건에 대해 조사가 필요할 경우 누구를 불러 이야기를 들으면 좋을지
· 나에게 어떤 피해가 발생했는지
· 이 문제에 대한 가해자 또는 회사 측의 어떤 조치를 희망하는지

만일 내가 비밀보장을 원하며 공식적인 사건으로의 진전을 원하지 않을 경우 일을 **비공개**로 처리할 수도 있습니다. 따라서 사건을 비공개로 처리해 주었으면 좋겠는지, 공론화하기를 희망하는지에 대한 의견을 밝히는 것도 좋습니다. 특별한 의견을 밝히지 않으면 비공개로

조사하는 것이 원칙입니다. 만일 회사의 담당 조직이 비밀을 보장하는 것에 소홀하다면 그 사실 자체가 큰 문제이므로, 분명하게 문제를 제기하도록 합니다.

피해자가 회사 내부 절차에 응하는 것이 심리적으로 매우 부담이 되는 경우가 많습니다. 내가 겪은 일을 정리해 주고, 필요한 증거를 수집할 방법을 알려 주고, 회사를 상대로 하는 조사 등 절차에서 나를 대신해서 싸워줄 **법률 전문가**를 찾아가 상담을 하거나 선임하는 것도 좋은 생각입니다. 제 경험에 비추어 보면 사내 절차에서 변호사의 도움을 받아 대응한 피해자분들의 경우 심리적 부담이 적고, 고통의 시간도 훨씬 단축할 수 있었습니다. 또, 대리인을 선임할 경우 회사 측에서 문제를 더욱 진지하게 받아들이고 신중하게 처리하는 경향도 있었습니다.

×

직장과 쿨하게 이별하기

요즘은 평생직장이라는 개념이 점점 없어지는 추세다. 그만큼 자신의 재능과 관심에 따라 직장을 옮기거나 창업하는 일이 드문 일이 아닌 게 되었다. 물론 반대로 회사에서 사고를 쳐서 징계를 받거나 잘리는 일도 드물지 않게 발생한다. 직장에서 징계를 받거나, 잘렸을 때 우리는 어떤 것은 받아들이고 어떤 상황에서 분노해야 하는지, 남들이 하는 '퇴직금 플렉스Flex'를 나도 할 수 있는지 한 번 알아보자.

01. 직장에서 분노해야 하는 인사 조치

회사는 근로자에 대한 전적인 인사권을 가지고 있습니다. 회사는 근로자를 채용, 승진, 전보 배치, 징계, 직위 해제, 해고 등을 할지 말지 결정할 권리가 있지요. 다만, 그러한 인사 조치에는 정당한 이유가 있어야 합니다. 그렇다면 부당한 인사 조치란 무엇일까요?

전보나 **전직**은 원칙적으로 사업자에게 재량이 있으나, 업무상의 필요성과 근로자의 생활상의 불이익을 비교해 보고, 근로자와 협의하는 등의 절차를 거쳤는지 보게 됩니다. 징계처분의 경우 근로자가 한 잘못이 근로계약, 취업규칙, 단체협약이 정한 징계 사유에 해당해야 하고, 정해진 절차를 모두 지켜야 하며, 징계의 정도도 적당해야 합니다. 만일 징계로서 해고하려면 사회 통념상 근로계약을 계속할 수 없을 정도로 근로자에게 책임 있는 사유가 있어야 합니다.

법은 특별한 경우 인사 조치가 제한되는 경우를 정하고 있습니다. 그 예를 살펴볼까요?

① 성희롱 피해자에게 부당한 인사 조치를 하는 것은 불법이며, 회사가 피해자에게 손해배상을 해야 합니다.

② 육아기 근로시간 단축제도를 활용하거나 육아휴직을 했다고

해고하거나 불리한 처우를 한 경우 사업주가 징역 또는 벌금에 처할 수 있고, 직원 중 일부를 정리해야 하는데, 여성이라는 이유로 해고한 경우도 마찬가지입니다.

③ 노조에 가입하려고 하거나 노조 활동을 했다고 불이익을 주는 것 또한 불법이고, 비정규직 근로자가 차별적 처우를 개선해 달라고 요구했다고 해서 불이익을 주는 것도 마찬가지입니다.

다만, 기업 인사 조치의 정당성은 법과 판례가 세워 놓은 기준들에 따라 판단되는데, 해당 인사 조치의 정당성을 판단하는 것이 쉬운 일만은 아닙니다. 이와 같은 문제가 발생했을 때는 아래 사내 절차부터 노무사나 변호사의 상담을 받아 대응하는 것이 좋습니다.

02. 회사 밖에서 도움을 청하는 방법

대표적으로 **노동위원회**에 구제를 신청하는 방법이 있습니다. 다만 인사 조치가 있었던 날로부터 **3개월 이내**에 해야 합니다. 이 절차는 노무사 또는 변호사와 상담 후 절차를 진행하며 전문적인 도움을 받는 것이 좋습니다. 법원에 바로 소송할 수도 있습니다. 노동위원회에 구제 신청을 했다고 하더라도 소송을 진행할 수 있어요.

문제의 궁극적인 해결은 '내가 원래의 자리로 돌아가는 것'입니다. 직장 내에서 문제해결이 원만하지 않았다면 다음의 외부제도를 고려해 보는 것이 좋고, 이 단계에서 다시 한번 전문가와 상담해 보는 것이 좋습니다. 일반적으로는 인권위 진정, 형사 고발, 민사 손해배상 청구를 하고 있습니다.

구제 신청하는 곳	얻을 수 있는 효과
노동위원회 구제 신청	피해자에 대한 부당한 인사 조치에 대한 판단 및 원직복직명령, 시정명령, 손해배상명령
노동청 진정	시정명령, 사업주에 대한 과태료 부과
국가인권위 진정	가해자와 책임자에 대한 직장 내 조치, 손해배상, 교육 수강 등 권고
노동청 고소, 고발	형사처벌
검찰 고소, 고발	형사처벌
민사소송	손해배상 판결

03. 퇴직금 제대로 받기

퇴직금은 1년 이상 근무한 직원이 퇴직 시 받는 돈이죠. 대략적으로는 '1년 근무하면 한 달 치 월급 정도가 퇴직금으로 나온다'고 생각하면 됩니다. 정확히는 [(1일 평균임금×30일)×계속 근로기간÷365]라는 산식으로 계산합니다.

여기서 평균임금은 퇴직 전 3개월 동안 해당 근로자에게 지급된 임금의 총액을 그 기간의 총 일수로 나눈 금액을 말합니다. 아르바이트생이었더라도 대략 주당 15시간 정도씩 1년 이상 일했었다면 퇴직금을 받을 수 있습니다. 고용노동부의 퇴직금 계산기를 사용하면 퇴직금을 쉽게 계산할 수 있습니다.

*퇴직금 계산
기 링크 접속

이와 같은 퇴직금은 퇴직일로부터 14일 이내에 지급해야 하며, 늦어질 경우 연 20%의 이자가 발생합니다. 어떤 사업장은 **퇴직금을 미리 나눠서 월급으로 준다**고 하는 곳이 있습니다. 정말로 퇴직금을 정확히 반영해서 미리 주는 곳도 있지만, 퇴직금을 얼렁뚱땅 주지 않으려고 편법적으로 이런 약정을 하는 경우가 많습니다. 퇴직금은 퇴직 후 근로자의 생활안정을 위한 목적으로 주는 돈인데, 이런 약정은 유효할까요? 그렇지 않습니다. 이와 같은 퇴직금 분할약정은 임금과 구별되는 퇴직금 명목 금원의 액수가 분명하고, 실제로 퇴직금을 주려고 한 경우에만 유효합니다.

퇴직금은 퇴직하기 전 중간 정산도 가능합니다. 단, 얼마든지 가능한 것은 아니고, 다음의 상황에서 신청할 수 있어요.

① 무주택자가 주택을 구매하거나 전세금을 마련해야 할 때

② 가족이 6개월 이상 요양이 필요한 상황일 때

한편, 퇴직금과 관련해서 마지막으로 살펴볼 문제는 "너는 근로자가 아니니 퇴직금도 없다."라고 하지만, 실제로는 근로자처럼 '부려먹은' 경우입니다. 사실 퇴직금은 근로자에게 보장된 권리이므로 프리랜서나 자영업자에게는 보장되지 않는 것이 맞습니다.

그런데 말은 프리랜서나 파트너십이라고 해 놓고 실제로는 근로자와 다름없이 일을 시키는 경우에는 계약서의 문구나 사업소득세 신고 등에도 불구하고 「근로기준법」상 근로자로 판단되어 퇴직금도 받을 수 있는 경우가 생각보다 많습니다. 최근 백화점 매장 판매원, 정수기 수리기사, 유아 체육 강사, 웨딩 플래너, 방과 후 교사분들이 프리랜서인지 근로자인지를 판단하는 법원들의 판결들이 있었어요.

프리랜서나 파트너십으로 일했음에도 어쩐지 나한테 일을 준 A가 "일의 내용을 다 정하고, 내가 지켜야 할 매뉴얼도 자기가 정하고, 일한 내용을 보고하도록 하고, 일하는 시간이나 장소를 결정하고, 비품이나 자재도 공급해 주고, 나더러는 다른 사람을 시켜서 일을 하지 못하도록 하고, 나는 일만 하면 사업의 손익과 상관없이 일정 대가만 주

면서 상당한 수준으로 일을 지휘하고 감독하는 것" 같았다면 혹시 내가 법률상 근로자로 판단될 가능성이 없었는지를 확인해 볼 필요가 있습니다.

행복한 부부생활을 할 권리

PART 4

××××
××××

임주혜 변호사

×

결혼, 꼭 해야 하는 건가요?

01. 혼인신고, 해? 말아?

결혼은 해도 혼인신고는 안 한다? "한번 다녀온 건 맞지만 난 서류상으로는 깨끗해!" 요즘 한 번쯤은 이런 얘기를 들어본 분들이 많을 것 같다. 결혼식을 올리고 같이 살더라도 아이를 낳기 전까지는 혼인신고를 하지 않는 경우도 주변에서 흔히 볼 수 있다.

"혼인신고는 하지 않았지만 동거하며 부부처럼 살아왔습니다. 그런데 상대방의 변심으로 갑자기 헤어지게 되었어요. 같이 살던 집 전세 자금도 반은 제가 냈고 생활비도 부담했는데, 보증금이며 같이 모은 재산에는 저도 권리가 있는 것 아닌가요? 제가 위자료도 청구할 수 있는 것 아닌가요?"

혼인신고만 안 했지 결혼한 것과 다름없이 살아오다 헤어진 경우, 과연 재산 분할이나 위자료를 청구할 수 있을까?

사실혼이란 뭔가요?

법률혼주의를 채택하고 있는 우리나라에서는 혼인의 실질적 요건과 형식적 요건을 모두 갖추어야 비로소 법률상의 부부로 인정받습니다. 즉 혼인신고까지 마쳐야 법률상의 부부로 인정받게 되지요. 그러나 혼인하겠다는 의사의 합치가 있고 실제 혼인 생활과 다름없는 생활을 유지하고 있는 혼인의 실질적 요건은 충족하지만, 혼인신고라는 형식적 요건을 갖추지 않은 채 부부 공동생활을 하는 것을 우리는 **사실혼**이라 말합니다.

사실혼 관계는 어떻게 해소하나요?

사실혼 부부는 법률상의 부부가 아니므로 헤어질 때 별도로 이혼이라는 절차를 거칠 필요가 없습니다. 따라서 사실혼은 당사자 간 합의에 의해 해소할 수도 있고, 일방의 통보에 의해 해소할 수도 있어요.

사실혼 관계에서도 재산분할과 위자료 청구가 가능한가요?

판례는 사실혼 관계를 유지하는 동안 부부가 공동으로 재산을 형성하고, 재산의 유지, 증식에 기여했다면 그 재산은 부부의 공동소유로 보아 사실혼이 해소되는 경우에 재산분할을 청구할 수 있는 것으로 보고 있습니다.

또한 사실혼은 부부간 합의 또는 부부 일방의 일방적인 파기에 의해 해소될 수 있으나, 이때 정당한 사유「민법」 제840조에 준하는 사유 없이 일방적으로 사실혼을 파기한 배우자에게 사실혼 파기로 인해 입은 정신적 고통에 대한 위자료를 청구할 수 있어요.

사실혼 관계에서 자녀가 있다면 양육비를 청구할 수 있나요?

사실혼 부부 사이에서 태어난 자녀는 **혼인 외의 출생자**로서 어머니와는 법률상의 모자관계가 존재하는 반면, 아버지와는 바로 법률상의 부자관계가 성립하는 것은 아닙니다. 물론 부모의 합의에 의하여 부와 모의 가족관계등록부에 모두 자구로 등재할 수 있으나, 만약 부가 이를 거부할 경우 자녀의 아버지에게 양육비를 청구하려면 자녀와 아버지 사이에 법적 관계가 존재하여야 하므로, 다음의 조치가 이루어져야 합니다.

① 아버지가 그 자녀를 인지해서 친생자로 신고해야 한다「민법」제 855조, 제859조 제1항 및 「가족관계의 등록 등에 관한 법률」 제57조.

② 자녀 등이 아버지를 상대로 인지청구소송을 제기하고 인용판결이 확정되어야 한다「민법」 제863조 및 제864조.

02. 사실혼 관계에서 인정받을 수 있는 권리

"혼인신고만 안 했을 뿐이지 오랜 기간 같이 살았고 이웃들도 부부로 알고 있었는데, 갑자기 다른 사람이 생겼다며 이별을 통보한 그 사람! 정당하게 내 몫의 재산을 받아오고 위자료도 청구할 수 있을까요?"

"같이 동거하다 헤어진 건 맞지만 결혼 얘기가 오간 적도 없었는데, 사실혼 관계였다며 재산 분할과 위자료 청구 소송을 하겠다는 전 애인, 사실혼 관계가 아니었다고 입증할 수 있을까요?"

이들 관계가 사실혼 관계인지, 아니면 단순 연인 관계인지에 따라 상대방의 법적 지위나 권리가 달라진다. 과연 사실혼으로 인정받으려면 어떤 요건을 갖추어야 할까?

단순 동거가 아니라 사실혼으로 인정받으려면 어떤 요건을 갖춰야 하나요?

사실혼은 상호 간 혼인 의사를 가지고 실질적으로 부부로서 생활하고 있지만, 혼인신고를 하지 않아 법적으로는 부부가 아닌 관계를 의미합니다. 즉, 단순히 함께 사는 동거와는 달리 서로 간에 부부로 인식하고 있고, 이들의 주변인들도 두 사람의 관계를 부부로 인식할 정도의 공동생활 관계를 유지하고 있는 경우를 의미하죠. 법원에서 사실혼으로 인정했던 사례들을 살펴보면 다음과 같아요.

① 지인들에게 부부로서 결혼한다는 사실을 알리고 결혼식을 올린 경우관습상 의식을 올린 경우

② 짧지 않은 기간 동안 같은 주소지에서 동거하며 주변 지인들에게 부부로서 인지된 경우

③ 제사, 결혼 등 양가의 대소사에 부부로서 함께 참석한 경우

④ 함께 부부 동반으로 여행을 다닌 경우

⑤ 두 사람이 자녀를 출산한 이력이 있는 경우나 경제적 공동생활을 한 경우

사실혼 배우자도 상속을 받을 수 있나요?

「민법」 제1003조 제1항에 의하면 배우자는 다른 상속인이 있으면 공동으로, 다른 상속인이 없으면 단독으로 상속인이 되는 것으로 규

정하고 있습니다. 여기서 말하는 배우자는 혼인신고를 마친 법률상 배우자를 의미하므로 사실혼 배우자는 재산을 상속받을 수 없는 것이 원칙입니다. 다만 피상속인이 상속인 없이 사망한 경우에 사실혼 배우자는 그의 상속재산에 대해 특별연고자로서 분여를 청구할 수 있습니다「민법」제1057조 제2항.

사실혼 배우자에게 인정되는 권리는 어떤 것들이 있나요?

사실혼 배우자가 사실혼 관계를 입증하면 법률혼 배우자와 마찬가지로 주택임대차 보호법상 임차인의 지위를 이어받을 수 있고, 「산업재해보상보험법」, 「국민연금법」, 「공무원연금법」 등에 근거한 연금을 받을 권리도 인정될 수 있습니다.

한편 사실혼 배우자 외에 법률상 배우자가 따로 있는 경우에는 사실혼 배우자에게 위와 같은 권리가 인정되지 않습니다. 사실혼 관계에 있던 자를 유족연금을 받을 수 있는 배우자에 포함하고 있는 취지는 사실상 혼인 생활을 하여 혼인의 실체는 갖추고 있으면서도 단지 혼인신고가 없기 때문에 법률상 혼인으로 인정되지 않는 경우에 그 사실혼 배우자를 보호하기 위한 것입니다. 따라서 법률상 배우자가 따로 있는 경우라면, 이혼 의사의 합치가 있었는데도 형식상의 절차 미비로 법률혼이 남아 있는 등의 예외적인 경우를 제외하고는 그 사실혼 배우자는 유족연금을 받을 수 없습니다.

사실혼 관계에서 결혼을 하는 경우 중혼에 해당하나요?

우리나라는 **중혼을 금지**하고 있습니다. 이때 판단은 접수된 혼인신고를 기준으로 하는데, 사실혼은 혼인신고가 되지 않은 상태이므로 사실혼 배우자가 다른 사람과 결혼하더라도 중혼에 해당하지 않습니다.

남보다 못한 부부 사이, 이혼 사유

01. 외도

작년, JTBC 드라마 〈부부의 세계〉가 선풍적인 인기를 끌었다. 특히 뻔뻔하게 불륜을 저지르며 배우자를 기만하는 주인공을 두고 많은 분들이 혀를 내둘렀다. 어떻게 배우자를 속이고 불륜을 저지를 수 있냐며 설마 저런 일이 실제로 일어나겠냐고 하겠지만, 현실은 더 잔혹한 경우도 많다. 한때 너무나도 사랑했고 나와 가정을 이루고 있는 나의 배우자가 내가 아닌 다른 누군가와 사랑을 나누고 있다는 사실을 알면 그 충격은 정말 어마어마할 것이다. 단순히 연인 관계라면 이런 상대방의 행동에 큰 상처를 입을지라도 단호하게 헤어지면 그만이지만 결혼한 부부, 특히 자녀를 두고 있는 경우 이혼을 선택하기도 참 쉽지 않다.

2015년 간통죄도 폐지된 마당에 나에게 돌이킬 수 없는 상처를 준 배우자의 외도, 법적으로 어떻게 처리할 수 있을까?

배우자의 외도, 2015년 간통죄가 폐지된 이후에는 처벌이 불가능한 건가요?

2015년도에 간통죄가 폐지되며 소위 본인의 배우자와 바람난 상간녀/상간남을 처벌할 방법이 이제 없어진 것이냐며 분통을 터트리시는 분들이 많습니다. 형사적인 처벌은 이제 불가능해졌지만, 아직 이들에게 민사적으로 책임을 물을 방법은 남아 있습니다.

외도한 배우자에게 정신적 손해배상, 즉 위자료를 청구할 수 있는 것과 마찬가지로 배우자와 외도를 저지른 상대방에게도 정신적 손해에 따른 위자료를 청구할 수 있어요. 소송에서 정신적 손해배상이 인정되면 두 당사자의 외도에 따른 위자료 청구임이 판결문에 명시되고 때에 따라 상간녀/상간남의 재산을 압류한다거나, 그들이 회사에 다니고 있다면 그 급여를 압류하는 것도 가능합니다.

다만 이 위자료 액수가 통상 1,000~3,000만 원 정도로 인정되고 있어 외도로 인한 정신적인 피해를 보상하기에는 충분치 않다는 의견도 꾸준히 제기되고 있습니다.

배우자의 외도, 이혼소송을 진행하려면 어떤 증거를 준비해야 하나요?

불륜의 정황이 그대로 담긴 문자 메시지, 카카오톡 메신저 내용, 숙박업소에서 사용한 카드 사용 기록 등이 증거로서 효력이 있어요. 차량 블랙박스가 증거로 제출되는 경우도 많이 있습니다. 이전에 간통죄를 적용하기 위해서는 직접적인 성관계에 대한 증거가 필요했던 것과는 달리, 간통죄 폐지 이후 배우자의 외도를 인정하는 증거의 폭이 다소 넓어졌습니다. 따라서 연인 관계에 주고받을 법한 내용의 메시지를 주고받은 정황 정도로도 불륜 사실을 인정해 주고 있어 외도에 대한 입증은 훨씬 수월해졌다고 평가할 수 있겠네요.

한 가지 안타까운 부분은 많은 분들이 불륜 사실이 담긴 메시지를 확인하고도 경황이 없어 별도로 캡처하거나 저장해 두시지 않거나 심지어 배우자가 불륜 사실을 인정하는 말을 하더라도 이런 대화를 녹음해 두지 않는 경우가 많다는 점입니다.

상대방의 외도를 원인으로 이혼소송을 제기하기 위해서는 **증거 수**

집이 필수이기 때문에 결정적 증거를 모을 때까지는 최대한 상대방이 외도 발각 사실을 눈치채지 못하게 차분히 준비하는 것이 좋습니다.

적반하장으로 바람을 피운 것도 모자라 오히려 저에게 이혼해 달라고 할 수 있는 건가요?

법원은 혼인 파탄의 주된 책임이 있는 배우자는 그 파탄을 사유로 하여 이혼 청구를 할 수 없도록 하는 **유책주의**를 취하고 있어요. 따라서 외도를 한 당사자는 배우자에게 이혼을 청구할 수 없고, 이혼소송을 제기했다고 해도 기각 판결이 내려질 가능성이 매우 크죠. 다만, 아주 예외적으로 다음의 경우에는 이혼이 허용될 수 있습니다.

① 유책 배우자의 이혼 청구라도 상대방이 오기나 보복적인 감정 만으로 이혼에 응하지 않는 경우
② 유책 배우자라도 본인의 유책성을 상쇄할 정도로 상대방 배우 자 및 자녀에 대한 보호와 배려가 이루어진 경우

여성의 사회적 지위의 상승과 더불어 이혼에 대한 인식의 변화 등을 고려할 때, 이제 혼인이 더 이상 계속하기 어려울 정도로 파탄에 이르렀다면 유책 배우자도 이혼을 청구할 수 있도록 하는 소위 **파탄주의**를 취하자는 의견도 제시되고 있어요. 실제로 2015년도에는 이

에 관해 대법원 전원합의체 공개 변론을 한 적이 있었죠. 아직 여전히 우리나라는 '유책주의'를 취하고 있어 혼인의 파탄 원인을 제공한 당사자는 이혼을 청구할 수 없다는 점! 기억해 주세요.

02. 가정 폭력

"그 사람은 평소에는 멀쩡하다가 술만 마시면 집안 가구를 부수고 그릇을 던지고 이렇게 행패를 부리고 나서도 분이 안 풀리면 심지어 저에게도 폭력을 일삼았습니다. 울면서 빌어도 보고 달래도 봤지만, 그 사람은 술이 깨고 나서야 다음 날 잘못했다며 사죄하기를 반복했고, 제 일상은 무너져 갔습니다.

이런 폭력 상황에 그대로 노출된 아이들도 정신적인 충격이 상당하고 더이상은 이렇게 두려움에 떨며 살고 싶지 않습니다. 하지만 또 이혼하겠다고 하면 폭력을 행사하지 않을까 두려운 마음에 이러지도 저러지도 못하고 있습니다. 제가 이혼을 준비하려면 어떻게 해야 할까요? 남편이 또 폭력을 행사하면 저는 어디에 도움을 구할 수 있나요?"

가정 폭력은 정확히 어떤 것인가요?

가정 폭력은 가족 구성원 사이의 신체적·정신적 또는 재산상 피해를 수반하는 모든 행위를 의미합니다. 즉 폭행, 상해, 감금, 협박 등의 범죄 행위가 가족 구성원 간에 일어나는 경우, 가정 폭력에 해당하게 되며 이는 명백한 **범죄행위**입니다.

가정 폭력을 이유로 이혼할 수 있나요?

당연히 가능합니다. 배우자가 폭력을 행사한 경우라면 「민법」 제840조 제3호 '배우자로부터 부당한 대우를 받은 경우'에 해당하며, 이는 이혼 사유에 해당합니다. 다만 이를 위해서는 가정 폭력에 대한 증거를 확보해 두는 게 중요합니다. 가정 폭력은 실제로 신체에 폭행을 가하는 것뿐만 아니라 기물 파손, 욕설, 위협적인 행동 등도 모두 포함되기 때문에 이런 부분에 대한 증거도 최대한 많이 모아두는 것이 좋습니다.

우선 폭행, 상해 등이 발생했다면 먼저 병원에서 치료를 받고 배우자의 폭행으로 인한 피해라는 점을 밝히는 게 가장 중요합니다. 또한 가정 폭력 발생 시 경찰에 신고하여 침착하게 폭력을 당한 상황을 진술해 두면 경찰의 출동 내역 등도 이혼소송 시 제출하여 가정 폭력의 증거로 활용할 수 있습니다. 그뿐만 아니라 폭행을 당할 당시의 사진 등을 찍어 두고, 기물을 파손한 경우 이런 주변 상황도 사진으로 남겨 증거로 사용할 수 있어요.

가정 폭력은 어떻게 대처해야 할까요?

가정 폭력이 발생하면 112를 통해 경찰에 신고하거나 여성 긴급 전화 1366에 도움을 청하는 등 적극적인 대처를 통해 더 큰 피해를 예방해야 합니다. 가정 폭력 신고가 이루어지면 경찰은 가정 폭력 현장에 출동하여 폭력행위를 제지하고, 가정 폭력 가해자와 피해자를 분리해 수사를 진행하게 됩니다. 또한 피해자의 동의를 받아 피해자를 가정 폭력 관련 상담소나 보호시설로 보낼 수도 있습니다.

나아가 경찰은 가정 폭력 범죄가 재발할 우려가 있고, 상황이 긴급해 시간적 여유가 없다고 인정될 경우 직권으로 또는 피해자의 신청에 따라 긴급 임시조치를 취할 수 있는데요. 이 경우 가해자에게 집에서 나갈 것을 명하거나 피해자 또는 가족 구성원의 주거, 직장 등에서 100미터 이내의 접근 금지를 명할 수 있고, 가족 구성원에게 휴대폰 등 전기통신을 이용한 접근 금지도 명할 수 있습니다.

다만 최근까지도 가정 폭력 신고 시 가정 내 문제로 치부하거나 단순히 애정 싸움에서 비롯된 마찰이라고 판단해 미온적인 대처로 인해 더 큰 피해를 가져온 사례들을 자주 접할 수 있었고, 이에 대한 비판과 함께 가정 폭력 신고 시 **적극적인 공권력 개입**의 필요성이 강하게 제기되고 있습니다.

03. 고부 갈등

"궁합을 봤는데 너희는 절대 아니란다. 둘이 결혼하면 잘 풀리는 일이 없다고 한다. 그래도 이 결혼, 꼭 해야겠어?"
궁합이 맞지 않는다는 시부모님의 트집으로 시작된 결혼. 우여곡절 끝에 결혼에는 골인했지만 여전히 결혼 과정이 험난하기만 하다.
"아이는 절대 5년 안에 가져서는 안 된다. 40세 전에 아이가 생기면 우리 아들은 재물운이 안 붙는다는데, 피임은 제대로 하고 있니?"
부부간의 내밀한 영역까지 간섭하는 시댁 때문에 갈등의 골은 깊어만 가는데….
맞벌이임에도 여전히 아내에게만 집안일을 강요하거나, 명절에도 아들은 쉬게 하고 며느리만 부엌일을 시키는 시어머님. 아직도 이런 얘기는 자주 접할 수 있는 소재거리다. 고부 갈등으로 인한 가정 파탄, 과연 이혼 사유가 될까? 고부 갈등은 정말 해결 방법이 없는 걸까?

고부 갈등, 이혼 사유가 될까요?

상담을 진행하다 보면 고부 갈등을 이유로 이혼을 고민하는 경우를 워낙 자주 접합니다. 특히 명절이 지나고 나면 평소보다 이혼 상담이 증가할 정도로 고부 갈등은 혼인 생활의 파탄을 가져오는 주요 이유 중 하나로 꼽히고 있습니다. 물론 요즘은 **장서 갈등**이라고 해서 장모와 사위 간의 갈등으로 혼인이 파탄에 이르는 경우도 주변에서 쉽게 찾아볼 수 있어요.

「민법」 제840조 제3호에서는 '배우자 또는 그 직계존속에서 심히 부당한 대우를 받은 때'를 **이혼 사유**로 규정하고 있기 때문에 시부모님 혹은 장모님으로부터 심히 부당한 대우를 받은 경우에는 이혼 사유에 해당할 수 있습니다.

이때 갈등이 어느 정도에 이를 때, 배우자의 직계존속으로부터 심히 부당한 대우가 있었던 것으로 볼 수 있을지 사례를 살펴볼까요?

①며느리에게 욕설을 일삼는 경우

②가계부를 친척이 모두 있는 자리에서 펼쳐보며 훈계를 하고 모욕적인 언사를 일삼은 경우

③맞벌이 중인 며느리에게 남편의 아침밥은 물론 시누이를 챙기

는 일까지 맡기며 극도의 스트레스를 주는 경우

④ 아들 부부의 부부생활, 잠자리까지 간섭하는 경우

이처럼 법원은 심히 부당한 대우가 있었다고 판단되면, 이혼을 인정하고 있습니다. 그뿐만 아니라 때에 따라 이런 갈등이 이혼 사유에 해당함은 물론이고, 배우자 그리고 직계존속에게까지 위자료를 지급하라는 판결이 내려지기도 합니다.

고부간의 갈등으로, 이혼소송을 진행하려면 어떤 증거를 준비해야 하나요?

상대방은 이혼을 원하고 있지 않은 경우라면 결국 배우자의 부모와의 갈등이 혼인을 파탄에 이르게 할 정도였음이 드러나는 증거를 확보하는 게 필요합니다. 예를 들어 고부 갈등과 장서 갈등이 드러나는 모욕적인 내용이 담긴 문자, 카카오톡 메신저 내용, 대화 녹취 등을 준비해 두면 소송에서 유리한 증거로 사용할 수 있습니다.

고부 갈등, 해결할 방법은 정말 없을까요?

상담을 진행하다 보면 고부 갈등과 장서 갈등을 전혀 중재할 생각 없이 방관자의 입장을 취하는 배우자에게 서운함을 토로하는 경우가 정말 많습니다. 이런 배우자가 며느리와 시어머니 사이의 갈등 상황에서 하는 단골 멘트들이 존재하죠.

"우리 엄마가 그럴 리가 없어."

"다 우리 잘되라고 하신 말씀이지."

"엄마를 일 년에 몇 번이나 본다고 그 시간 동안 비위도 못 맞춰 드려?"

　이런 갈등 상황은 애초에 오해에서 비롯된 경우가 대다수이고 특히 상대방이 이런 본인 부모님의 언행에 얼마나 상처받았는지를 모르기 때문에 비롯되는 일들이 많아요. 내 마음은 내가 제대로 표현하지 않으면 아무도 알 수 없습니다. 결국 부부간에도 "지금 내 마음이 어떻다, 이런 시어머님의 말씀 혹은 장모님 말씀에 내가 상처를 받았다." 이런 심도 있는 대화를 통해 서로를 이해해 가는 과정이 필요하겠죠?

04. 기타 혼인을 계속하기 어려운 중대한 사유

변호사가
제일 많이 받는
이혼 질문 Top 5

　다음에는 절대 이런 일 없게 하겠다는 약속이 무색할 정도로 반복되는 음주와 소란, 도를 넘어서는 의심과 간섭, 경제적 어려움으로 인한 잦은 다툼, 시가 또는 처가와의 갈등, 뚜렷한 이유 없는 성관계 거부

등등. 이혼을 결심하게 되기까지는 각자 깊은 고민과 아픈 이유가 존
재한다. 과연 어떤 사연, 어느 정도의 갈등이 존재하는 경우에 이혼이
가능한 걸까?

「민법」 제840조 제6호의 기타 혼인을 계속하기 어려운 중대한 사유로 인한 이혼

「민법」 제840조 제6호는 재판상 이혼을 청구할 수 있는 경우로 '기
타 혼인을 계속하기 어려운 중대한 사유가 있을 때'를 규정하고 있습
니다. 이에 대해 법원은 "부부간의 애정과 신뢰가 바탕이 되어야 할
혼인의 본질에 상응하는 부부 공동생활 관계가 회복될 수 없을 정도
로 파탄되고 그 혼인 생활의 계속을 강제하는 것이 일방 배우자에게
참을 수 없는 고통이 되는 경우에는 기타 혼인을 계속하기 어려운 중
대한 사유에 해당한다."라고 판단하고 있습니다.

이를 판단하기 위해서는 혼인 계속 의사, 파탄의 원인에 대한 책임,
혼인 기간, 자녀 유무 등등 여러 제반 상황들을 두루 고려하게 됩니다.

혼인 관계가 이미 파탄에 이르렀다는 것만 입증하면 이혼이 가능한가요?

우리나라는 유책주의를 취하고 있기 때문에 이혼을 청구하는 사람보다 이혼을 권유받은 상대방이 결혼 생활의 파탄에 이르게 된 **책임이 더 큰 경우에만 이혼을 청구**할 수 있습니다. 즉 더 잘못한 사람은 이혼을 청구할 수 없으므로 아무리 혼인 관계가 파탄에 이르렀더라도 외도, 폭력 등 혼인 관계 파탄에 주원인이 있는 사람 쪽에서 이혼을 청구하는 것은 인정되지 않습니다.

한편 법원은 단순한 경제적 무능력이나, 일시적인 갈등, 배우자의 결혼 이전에 있던 과거 이성 문제, 일시적인 성 기능 장애 등의 사유로 이혼을 청구한 경우에 대해서는 위와 같은 사유들은 부부간의 심리 상담 및 치료 등을 통해 관계 개선의 여지가 있다고 봅니다.

따라서 혼인을 계속하기 어려운 중대한 사유가 발생한 것은 아니라고 판단하고 있으므로 혼인 생활 전반에 대한 여러 정황이 고려되어 개별 사안별로 이혼 사유에 해당할지에 대한 판단이 달라질 수 있습니다.

×

슬기롭게 배우자와 갈라서는 법

01. 나에게 맞는 이혼 방법

이혼을 결심하기까지 수천수만 번 고민하고 망설이게 되지만, 막상 이혼을 결심했다 해도 남이 되는 과정은 간단하지가 않다.

"연예인 누구는 이혼 조정을 신청해서 이혼 절차를 빨리 끝냈다는 말도 들어본 것 같고, 이혼소송은 몇 년씩 계속된다는 얘기도 있고, 드라마에서 보면 그냥 서류에 도장 하나 찍고 어디다 제출하기만 하면 이혼이 되는 것처럼 나오던데. 과연 이혼은 어떤 절차를 거쳐야 가능한 걸까?"

이혼의 종류는 어떤 것들이 있나요?

이혼하는 방법에는 크게 **협의이혼**과 **재판상 이혼**이 있습니다. 부부가 이혼에 합의한 경우에는 협의이혼을 할 수 있으며, 합의가 이루어지지 않는 경우에는 당사자 일방의 청구에 의해 법원의 재판으로 이혼하는 재판상 이혼을 할 수 있습니다. 재판상 이혼은 다시 조정이혼과 소송이혼으로 구분됩니다.

협의이혼은 정말 서류에 도장만 찍으면 끝인가요?

부부 사이에 이혼이 합의되면 법원에 이혼 신청을 하고, 일정 기간이 지난 후 법원의 확인을 받아 행정관청에 이혼 신고를 하면 이혼의 효력이 발생하게 되는데, 이것을 협의이혼이라고 합니다.

협의이혼을 할 때 양육할 자녀가 있는 경우에는 자녀의 양육과 친권에 관한 사항을 부부가 합의해서 정하고, 그 협의서를 이혼 확인받을 때 법원에 의무적으로 제출해야 합니다. 만약 합의가 이루어지지 않는다면 법원이 직권 또는 당사자의 청구에 의해 정하게 됩니다. 부부 사이의 합의만 이루어진다면 가장 간단한 방식이라 할 수 있지만, 서류에 도장만 찍는다고 이혼이 이루어지는 것은 아닙니다.

협의이혼을 진행하기 위해서는 법원으로부터 부부 사이에 이혼 의사가 합치함을 공식적으로 확인받는 절차가 필요해서 먼저 관할 가정법원에 협의이혼의사확인을 신청해서 **협의이혼의사**를 확인받아야 합니다. 이때 협의이혼의사확인의 신청은 부부의 등록기준지 또는 주소지를 관할하는 가정법원에 부부가 함께 출석해서 협의이혼의사확인신청서를 제출하면 됩니다. 준비할 서류들이 많으니 꼼꼼하게 챙기는 것이 좋아요.

〈협의이혼의사확인 신청 시 필요 서류〉

① 협의이혼의사확인 신청서 1통

② 부부 각자의 가족관계증명서 각 1통

③ 부부 각자의 혼인관계증명서 각 1통

④ 미성년인 자녀가 있는 경우에는 그 자녀의 양육과 친권자결정에 관한 협의서 1통과 그 사본 2통 또는 가정법원의 심판정본 및 확정증명서 각 3통

협의이혼의사확인을 신청한 부부는 가정법원이 제공하는 이혼에 관한 안내를 받아야 하며, 가정법원의 이혼 안내를 받은 날부터 ① 양육해야 할 자녀가 있는 경우에는 3개월 ② 그렇지 않은 경우에는 1개월의 이혼숙려기간이 지난 후 가정법원에 함께 출석해야 가정법원으로부터 확인서를 교부받을 수 있습니다.

이후 부부 중 어느 한 사람이 3개월 이내에 이혼신고서에 이혼의사 확인서 등본을 첨부해서 등록기준지 또는 주소지 관할 시청·구청·읍사무소 또는 면사무소에 신고해야 비로소 이혼이 이루어지게 됩니다.

재판상 이혼은 무엇인가요?

재판상 이혼이란 민법에서 정하고 있는 이혼 사유가 발생해서 부부 일방이 이혼하기를 원하지만 다른 일방이 이혼을 원치 않는 경우, 이혼소송을 제기해서 법원의 판결에 따라 이혼하는 것을 말합니다.

또한 협의 이혼 시 재산 분할은 법에 정해진 기준이 아닌 양자 합의에 따라 정리하게 되고, 법원에서 이 재산 분할 합의 내용에 대해 개입하지 않기 때문에 이혼 후 약속을 이행하지 않거나 누락된 재산이 있는 경우 또다시 재산 분할 소송을 청구해야 하는 등의 불편함이 발생할 수 있습니다. 이혼 의사에 대한 합의는 이루어졌더라도 재산 분할이나 친권, 양육권에 대한 합의가 이루어지지 못해 재판상 이혼을 청구하는 경우가 대부분입니다.

이혼소송보다 이혼 조정이 간편하다고들 하던데, 이혼 조정으로 정리할 수 있을까요?

조정은 소송과 달리 좀 더 자유로운 분위기에서 조정 당사자의 의견을 충분히 듣고 여러 사정을 참작해서 대화를 통해 입장을 중재해보는 시간을 갖는 제도입니다. 특히 우리나라는 이혼소송을 제기하기전에 먼저 조정 절차를 거치는, 이른바 **조정전치주의**를 채택하고 있습니다.

이 조정 단계에서 부부 사이에 이혼 합의가 이루어지면 바로 이혼이 성립되기 때문에 이혼소송보다 훨씬 빠르게 이혼이 정리될 수 있어요. 상대방과의 감정 소모를 덜 할 수 있다는 장점이 있지만, 사실상 양측의 입장이 좁혀지지 않는다면 이혼소송으로 진행해 법원의개입을 통한 판결을 받는 방법밖에 없습니다.

이혼소송은 어떻게 진행되나요?

이혼소송 제기 후 변론기일이 정해지면 소송당사자 또는 법정대리인이 출석해서 각자의 주장 및 증거관계를 진술하고, 법원의 사실조사·증거조사 및 신문 등의 절차를 거친 후 판결을 선고받게 됩니다. 이 재판 과정을 통해서 이혼 여부, 재산 분할, 위자료, 친권 및 양육권자의 지정, 양육비 지급 등이 모두 정해지게 되지요. 하지만 당사자일방이 판결에 불복하는 경우 판결정본이 송달된 날부터 14일 이내항소 또는 상고를 해서 다시 이를 다투어 볼 수도 있어 이혼소송이 일단 시작되면 이혼이 마무리되기까지 몇 년이 걸리기도 합니다.

02. 깔끔한 재산 분할

부부가 남이 되기로 하는 이 힘들고 어려운 결정에서 '돈'은 빼 놓을 수 없는 문제다. 재산 분할이란 쉽게 말해 혼인 생활을 유지하는 동안 축적한 재산에 대해 줄 건 주고, 받을 건 받는 것이다. 민감한 '돈' 문제이니만큼 당사자 간에 쉽게 합의가 되지 않는 경우가 대부분이다. 함께 마련한 집은 어떻게 나눠야 하는지, 부모님으로부터 증여 · 상속받은 재산도 나눠야 하는지, 상대방의 빚도 내가 갚아줘야 하는지, 재산 분할에 대한 궁금증을 해결해 보자!

신혼 이혼의 경우 예물, 예단, 혼수 돌려받을 수 있을까?

결혼 준비부터 삐걱거리다 간신히 결혼식은 올렸지만 신혼의 단꿈에 빠지기보다는 빠른 헤어짐을 선택하는 경우도 생기기 마련이죠. 결혼을 위해 들인 준비 비용, 예단 비용, 혼수 비용은 돌려받을 수 있을지, 혼인 기간은 짧았지만 재산 분할이나 위자료는 받을 수 있을지 함께 살펴봅시다.

보통 혼인 기간이 3~4년이 채 되지 않은 부부의 이혼을 **신혼 이혼**이라고도 말하는데, 요즘은 이보다 훨씬 적은 기간 혼인을 유지하거나 혹은 혼인신고는 하지 않고 결혼식만 올린 후 헤어지게 되는 경우도 많습니다. 혼인 기간이 짧다고 해서 이혼이 더 간단한 것은 아니고 특히 재산 분할 등과 관련해서 유의해야 할 부분이 있어요.

신혼 이혼에서는 예단, 예물, 혼수 등을 다시 나누는 부분이 항상 이슈가 됩니다. 결혼할 때 주고받은 예물이나 예단은 혼인이 애초에 성립하지 않으면 반환하기로 하는 일종의 증여로 보고 있기 때문에, 매우 짧은 기간 안에 이혼에 이른 것이 아니라 몇 개월~1년 이상 혼인 생활을 유지했다면 반환을 요청하기 어렵습니다.

만약 아내가 혼수를 전부 해 온 경우, 혼인 기간이 짧게 지속되었다면 원상회복 차원에서 아내가 혼수를 모두 갖고 나올 수도 있습니다. 하지만 소모품인 혼수의 경우 이미 중고가 되어 구매 가격보다 현저히 가치가 떨어졌다면 혼수 구매 영수증 등을 제시하여 재산 분할에서의 기여도 일부로 보아 재산 분할을 좀 더 받는 방식을 택할 수도 있습니다.

물론 신혼 이혼의 경우에도 당사자 일방의 귀책 사유로 인해 혼인 관계가 파탄되고 이로 인해 상대방이 정신적인 손해를 입었다면 이 부분은 「민법」 제751조에 따라 금전적으로 위자료를 청구할 수도 있습니다.

재산 분할이란 뭔가요?

재산 분할은 혼인 기간 동안 부부가 함께 형성한 재산을 나누는 것을 의미합니다. 우리 「민법」 제830조에서는 부부 일방이 혼인 전부터 갖고 있던 고유 재산은 특유 재산이라 하여 이혼 시 재산 분할의 대상이 되지 않는 것으로 규정하고 있어요.

다만, 결혼 전부터 부부 일방이 갖고 있던 특유 재산일지라도 상대방 배우자가 해당 재산의 유지 증식에 기여한 바가 있다면 재산 분할의 대상이 되지만, 통상 혼인 기간이 짧은 신혼 이혼의 경우에는 특유 재산의 증식에 배우자가 기여했다고 인정되기 어렵기 때문에 재산 분할의 대상이 되지 않는 경우가 많습니다.

예를 들어, 결혼 전 각자 마련해 온 부동산 구매 자금은 각자의 특유재산에 해당하므로 부부가 신혼집 마련을 위해 각자 투입한 재산이 있다면 그 금액만큼 각자 다시 돌려받게 됩니다. 다만 요즘처럼 부동산 가격이 급등한 경우 일 년이라는 짧은 기간에도 시세 차액을 누릴 수 있어서, 그 시세 차액에 해당하는 부분에 대해서는 재산 분할을 통해 기여도에 따라 분할하기도 하는 등 상황에 따라 다양한 형태로 재산 분할이 이루어질 수 있습니다.

03. 빼돌린 재산 찾아오기

"저는 생활비만 받아서 썼지, 남편이 본인 월급은 혼자 다 관리해서 저는 남편 예금도, 주식도, 땅도 어디에 있는지 이런 것들을 하나도 몰라요."

"바람난 아내가 내연남에게 차도 사 주고 오피스텔도 해 준 것 같습니다. 다시 찾을 방법은 없나요?"

상대방의 재산에 대해 아는 것이 아무것도 없어 재산 분할을 요구하려고 해도 도대체 얼마를, 어느 정도를 요구해야 할지 감이 오지 않는다는 분들이 정말 많다. 이런 경우 내가 모르는 상대방의 재산! 확인할 방법이 있는 걸까?

배우자의 예금, 주식, 부동산 등 재산을 확인할 방법이 있을까?

이혼소송을 제기하게 되면 재판부에서 배우자 명의의 재산 조회를 신청할 수 있습니다. 만약 배우자의 거래 은행이나 부동산 내역 등을 전혀 모르는 경우에는 우선 **재산명시신청**을 먼저 해 볼 수 있어요. 재산명시신청을 하면 법원에서 상대방에게 현재 보유 중이거나 과거 일정 기간 보유하고 처분한 예금, 보험, 부동산, 주식 등에 대해서 재산목록을 작성하여 제출하게 합니다.

만약 상대방이 이 명령을 지키지 않으면 과태료를 부과받게 됩니다. 하지만 재산명시명령이 내려져도 상대방이 묵묵부답이거나 거짓으로 제출하는 경우도 허다하기 때문에 부동산은 법원행정처나 국토교통부에 조회를 신청하고, 예금은 상대방의 주거래 은행에, 보험은 신용정보원이나 주요 보험사에 금융거래정보조회를 신청하여 상대방의 재산을 확인할 필요가 있습니다.

상간녀/상간남에게 빼돌린 재산도 찾아올 수 있나요?

이혼소송을 제기한 후 위와 같이 금융거래정보조회를 신청하고 회신을 받게 되면 배우자 명의의 예금과 주식 등 재산 내역을 다 받아볼 수 있습니다. 이렇게 재산 내역을 조회했을 때, 만약 본인 모르게 상당한 금액이 배우자 명의 계좌에서 제3자에게로 전달되었거나, 건물·아파트·토지 같은 큰 재산이 처분된 것을 확인했다면 상대방에게 이를 소명하라고 요청할 수 있습니다.

소송에서 배우자가 이런 재산의 처분과 이전에 대해 제대로 소명하지 못한다면 해당 재산에 대해 아직 배우자가 보유하고 있는 것으로 추정해서 재산 분할 대상에 포함할 수도 있고, 부동산 매각 대금 등을 재산 분할 대상으로 포함하는 경우도 있고요.

통상적으로 재산 조회는 이혼소송 제기 전 3년 정도의 기간에 한해 허용이 되는 경우가 많아요. 그래서 부동산 등을 처분한 시기나 큰 금액이 이체된 시기가 이혼소송 제기 한참 전이라면, 재산 분할 대상으로는 인정이 안 될 수도 있고, 특히 현금으로 모두 써버리거나 빼돌리면 되찾아 오기가 매우 어려운 게 현실입니다. 하지만 이런 상황에도 줄어든 재산 부분에 대해 최대한 의심스러운 부분을 주장해야, 나머지 남은 재산에 대한 기여도에서 이런 부분이 참작될 수 있으니 미심쩍은 부분이 있다면 확실히 주장하는 게 좋겠죠?

가압류/가처분의 필요성

내가 상대방에게 재산을 분할해 줘야 할 부분보다 상대방으로부터 받을 부분이 더 많을 땐 상대방 명의의 재산에 가압류나 가처분 신청을 해서 재산을 다른 곳에 빼돌리지 못하도록 꽉! 묶어 두는 조치가 필요합니다.

예를 들어 상대방으로부터 재산 분할을 원인으로 부동산 소유권이전등기를 받아오고자 하는 경우 이 부동산에 대해 가처분을 해둘 필요가 있고, 금전을 지급받고자 하는 경우에는 가압류를 통해 상대방 재산을 확보해 두어야 합니다.

전세 보증금이나 상대방 예금에 대한 가압류도 가능한데, 예금 가압류를 할 때는 다른 재산이 있는 경우에는 허용이 잘 안 되고, 특히 신청하는 쪽에서 현금 공탁을 할 수도 있다는 것을 고려해 두면 좋습니다.

가압류/가처분은 보통 이혼소송을 제기하면서 함께 신청하게 되는데, 양 당사자 간의 재산 내역과 가압류/가처분의 필요성을 잘 소명하면 가압류 결정을 받을 수 있습니다.

04. 위자료

"남편의 오랜 외도로 상처만 가득한 결혼생활을 보냈어요. 제 정신적 고통에 대한 위자료로 남편 전 재산을 다 가져오고 싶어요. 변호사님, 혼인 파탄은 전적으로 남편 잘못이니까 위자료로 재산을 다 받아 올 수 있겠죠?"

"간통죄도 없어진 마당에 그럼 돈이라도 받아야 하는 거잖아요. 남편의 상간녀에게 위자료로 아파트 정도는 받아오겠어요."

결혼 생활의 파탄은 당사자에게 심적으로 엄청난 고통을 준다. 특히 그 파탄의 원인이 부부 일방에게 있는 경우, 상대방은 그로 인한 정신적 피해를 고스란히 떠안게 되고, 이럴 때는 금전적인 배상이라도 받는 게 마땅하다. 혼인 생활 파탄의 원인이 한쪽에 있는 경우, 많은 분들이 그 사람의 재산 대부분을 위자료로 받아올 수 있다고 생각한다. 과연 혼인 파탄의 원인을 제공한 당사자에게 청구하는 위자료! 어느 정도 금액이 인정될까?

위자료는 언제 인정되나요?

배우자의 외도 혹은 배우자 가족들의 지나친 간섭이나 폭언 등으로 인해 정신적인 피해를 받았다면 이혼소송을 제기할 수 있음은 물론이고, 「민법」 제751조에 따라 정신적 피해 보상을 위해 금전적으로 위자료를 청구할 수 있습니다.

이때 위자료를 청구하기 위해서는 정신적 피해를 입증할 만한 증거를 확보해야 돼요. 예를 들어 외도로 인한 혼인 파탄의 경우에는 연인 관계로 보기에 충분한 애정 표현, 호칭 등이 포함된 문자나 카카오톡 메시지, 배우자가 직접 불륜 사실을 자백하는 내용의 녹음, 숙박업소 출입 내역 등을 수집해 두어야 합니다.

위자료는 얼마 정도가 적당한가요?

위자료의 액수는 통상 1천만~3천만 원 정도로 책정됩니다. 혼인 파탄으로 인한 정신적 고통에 대한 책임으로는 액수가 부족하다는 지적도 나오고 있어요. 특히 간통죄도 폐지된 만큼 위자료 액수를 좀 더 높여야 하는 게 아니냐는 의견도 꾸준히 제기되고 있지요.

위자료 액수는 혼인 파탄의 사유와 특히 외도로 인한 경우라면 외도 기간과 외도 증거, 특히 증거의 수위, 외도 발각 후 상대방이 어떠한 태도를 보였는지 등의 정황을 따져 위자료가 상당히 높게 나오는 경우들도 종종 있으니 증거 수집이 제일 중요합니다.

혼인 파탄에 책임이 있는 불륜 상대방, 또는 상대방의 부모에게도 위자료를 청구할 수 있나요?

외도한 배우자에게 정신적 손해배상 즉, 위자료를 청구할 수 있는 것과 마찬가지로 배우자와 외도를 한 상대방에게도 정신적 손해에 따른 위자료를 청구할 수 있습니다. 또한 결혼 기간에 배우자의 부모 등으로부터 과도한 간섭이나 폭언, 폭행에 시달렸다면 이들을 상대로 손해배상 청구도 가능합니다.

특히 외도로 인한 혼인 파탄의 경우, 위자료 청구 소송에서 정신적 손해배상이 인정되면 두 당사자의 외도에 따른 위자료 청구임이 판결문에 명시되고 때에 따라 상간녀/상간남의 재산을 압류한다거나 회사에 다니고 있다면 그 급여를 압류하는 것도 가능하여 많은 분들이 소송을 진행하고 있습니다.

위자료 액수가 통상은 1천만~3천만 원 정도라고 앞서 알려드렸는데, 상간남/상간녀에 대한 위자료 소송도 함께 진행하는 경우 위자료는 외도한 두 당사자가 공동으로 3천만~5천만 원을 지급하라고 나올 때가 많습니다.

한편, 이 상간남/상간녀에 대한 위자료 청구 소송은 배우자와 이혼하지 않아도 즉 가정을 유지하더라도 진행할 수 있습니다. 이처럼 혼인 관계를 유지하는 경우에는 보통 위자료가 1천만~2천만 원 정도가 나옵니다. 혼인 파탄의 정신적 피해에 대한 보상으로는 부족하다는 느낌을 지울 순 없지만, 그래도 판결을 통해 정신적인 피해를 인정받게 되고, 금전적인 배상도 가능해서 **위자료 청구**도 적극적으로 고려해 보길 권합니다.

05. 친권, 양육권

"이혼 후 한창 손이 많이 가는 5세, 7세 아이 둘을 제가 혼자 키우고 있어요. 남편은 양육비를 주기로 한 날짜를 어기기 시작하더니, 이제 아예 제 연락을 받지도 않아요. 남편에게 양육비를 받아올 방법이 없을까요?"

"재산은 다 포기해도 아이들은 절대 포기할 수 없습니다. 제가 꼭 키우고 싶은데 상대방이 아이들은 절대 줄 수 없다며 완강합니다. 가정주부인 저는 남편과 달리 경제활동을 하고 있지 않은데, 이런 저도 아이들 친권과 양육권을 가져올 수 있을까요?"

부부 사이는 이혼으로 남남이 될 수 있다고 하더라도 둘 사이에 아이가 있는 경우 '부모'라는 역할은 절대 그만둘 수 없다. 아이를 둔 부부의 이혼, 친권, 양육권은 어떤 방식으로 정해질까?

친권, 양육권은 무엇인가요?

친권은 부모가 미성년인 자녀를 보호하고 교육하며 그 재산을 관리하는 것을 내용으로 하는 권리와 의무를 의미합니다. 따라서 친권은 자녀가 성년이 되면 소멸하게 되지요.

한편 **양육권**은 부부가 이혼한 뒤, 미성년 자녀를 누가 양육할지에 관한 권리입니다. 친권과 양육권은 이혼 시 부부가 합의하여 정할 수도 있고, 법원에서 자녀의 연령과 부모의 재산 상황, 기타 사정 등을 참작해 자녀에게 이로운 쪽으로 정하기도 합니다. 이때 친권과 양육권을 각각 다른 사람에게 귀속시키는 경우에는 자녀에 대한 법률 행사가 필요할 때마다 함께 살지 않는 부모 일방의 동의를 구할 때까지 일이 진행이 안 되고 지체되는 불편함이 생길 수 있어서 친권과 양육권은 대부분 동일한 사람으로 지정합니다.

친권, 양육권을 결정하는 기준이 따로 있나요?

친권, 양육권은 자녀의 복리를 최우선으로 고려하여 당사자끼리 합의하에 정하거나 법원이 직권으로 정할 수 있습니다. 아이가 어릴수록 아무래도 아이의 어머니 쪽에 양육권을 주는 경우가 많다고들 하나, 현재 누가 주 양육자인지, 양육할 환경이 마련되어 있는지 등 제반 상황에 따라 아이가 어려도 아버지가 양육권을 가질 수도 있습니다. 물론 아이를 양육하지 않는 상대방은 합당한 양육비를 지급해 양육권자가 안정적으로 양육할 수 있는 환경을 조성해 주어야 하겠죠.

양육비는 어느 정도가 적정한가요?

이혼으로 친권과 양육권이 없다 하더라도 자녀에 대한 부모로서 의무는 다해야 하는 것이 도리지요. 따라서 양육비 지급은 필수입니다. 그러므로 양육비는 소득이 없는 경우라도 지급해야 합니다. 자녀의 연령과 현 상황, 실제 소요되는 비용, 부모의 경제적 상황 등을 고려하여 양육비가 결정되는데, 우리나라는 통상 부모의 합산 소득과 자녀 연령에 비례한 금액을 책정하는 것을 기준으로 **양육비 산정 기준표**◆를 마련해 두고 있습니다.

〈2021년 양육비 산정 기준표 비율(안)〉◆◆

가구 소득 / 자녀 연령	0~199만 원	200~299만 원	300~399만 원	400~499만 원	500~599만 원	600~699만 원	700~799만 원	800~899만 원	900~999만 원	1,000~1,199만 원	1,200만 원 이상
0~2세	41.4	30.1	27.0	24.4	22.6	21.6	21.3	21.0	21.0	19.0	17.0
3~5세	42.0	30.4	27.1	24.7	23.0	21.9	21.3	21.3	21.2	19.2	17.3
6~8세	43.2	30.7	27.4	25.3	23.5	22.8	21.5	21.8	21.7	19.4	17.8
9~11세	44.5	31.3	28.2	25.8	24.0	23.0	21.7	22.2	22.5	19.8	18.5
12~14세	45.3	31.6	28.5	28.4	25.9	24.6	22.8	23.3	22.7	20.2	19.1
15~18세	46.9	38.3	35.0	31.2	29.2	27.6	26.2	25.4	23.6	23.1	22.2

전국의 양육자녀 2인 가구 기준

◆ 해당 자료는 2021년 11월 5일 발표된 서울가정법원 〈2021년 양육비 산정 기준표 공청회 자료집〉을 따랐습니다. 2021년 하반기 공표가 확정되면 내용이 달라질 수 있습니다.

◆◆2021년 양육비 산정 기준표의 각 평균 양육비를 분자로 하고, 해당 구간의 가구소득의 중간값을 분모로 하여 계산함. 다만 0~199만 원은 150만 원을 분모로 하고, 1,200만 원 이상은 1,300만 원을 분모로 하였음. 소수점 둘째 자리 이하 반올림.

〈2021년 양육비 산정 기준표(안)〉

가구소득 / 자녀연령	0~199만 원 평균양육비(원) [양육비 구간]	200~299만 원 평균양육비(원) [양육비 구간]	300~399만 원 평균양육비(원) [양육비 구간]	400~499만 원 평균양육비(원) [양육비 구간]	500~599만 원 평균양육비(원) [양육비 구간]	600~699만 원 평균양육비(원) [양육비 구간]	700~799만 원 평균양육비(원) [양육비 구간]	800~899만 원 평균양육비(원) [양육비 구간]	900~999만 원 평균양육비(원) [양육비 구간]	1,000~1,199만 원 평균양육비(원) [양육비 구간]	1,200만 원 이상 평균양육비(원) [양육비 구간]
0~2세	621,000 [26.4~68.6]	752,000 [68.7~84.8]	945,000 [84.9~102.1]	1,098,000 [102.2~117.1]	1,245,000 [117.2~132.3]	1,401,000 [132.4~149.1]	1,582,000 [149.2~168.5]	1,789,000 [168.6~189.3]	1,997,000 [189.4~204.6]	2,095,000 [204.7~215.1]	2,207,000 [215.2 이상]
3~5세	631,000 [26.8~69.5]	759,000 [69.6~85.4]	949,000 [85.5~103.1]	1,113,000 [103.2~118.9]	1,266,000 [119.0~134.4]	1,422,000 [134.5~151.0]	1,598,000 [151.1~170.2]	1,807,000 [170.3~191.2]	2,017,000 [191.3~206.6]	2,116,000 [206.7~218.0]	2,245,000 [218.1 이상]
6~8세	648,000 [27.2~70.7]	767,000 [70.8~86.3]	959,000 [86.4~104.9]	1,140,000 [105.0~121.6]	1,292,000 [121.7~138.5]	1,479,000 [138.6~154.6]	1,614,000 [154.7~173.2]	1,850,000 [173.3~195.7]	2,065,000 [195.8~210.1]	2,137,000 [210.2~222.4]	2,312,000 [222.5 이상]
9~11세	667,000 [28.1~72.4]	782,000 [72.5~88.5]	988,000 [88.6~107.5]	1,163,000 [107.6~124.0]	1,318,000 [124.1~140.6]	1,494,000 [140.7~156.2]	1,630,000 [156.3~175.8]	1,887,000 [175.9~201.2]	2,137,000 [201.3~215.8]	2,180,000 [215.9~229.2]	2,405,000 [229.30 이상]
12~14세	679,000 [29.5~73.4]	790,000 [73.5~89.4]	998,000 [89.5~113.9]	1,280,000 [114.0~135.1]	1,423,000 [135.2~151.0]	1,598,000 [151.1~165.4]	1,711,000 [165.5~184.7]	1,984,000 [184.8~207.1]	2,159,000 [207.2~219.1]	2,223,000 [219.2~234.9]	2,476,000 [235.0 이상]
15~18세	703,000 [31.9~83.0]	957,000 [83.1~109.2]	1,227,000 [109.3~131.4]	1,402,000 [131.5~150.3]	1,604,000 [150.4~169.9]	1,794,000 [170.0~187.9]	1,964,000 [188.0~206.3]	2,163,000 [206.4~220.4]	2,246,000 [220.5~239.3]	2,540,000 [239.4~271.1]	2,883,000 [271.1 이상]

전국의 양육자녀 2인 가구 기준

〈양육비 산정 기준표 변경 예정(2021년 하반기 공표 예정)〉

자녀 만 나이 구간 변경

현행 양육비 산정 기준표	개정 양육비 산정 기준표(2021년 하반기 공표 예정)	
6~11세	6~8세	9~11세

부모 합산 소득(세전) 구간

현행 양육비 산정 기준표	개정 양육비 산정 기준표(2021년 하반기 공표 예정)		
900만 원 이상	900~999만 원	1,000~ 1,199만 원	1,200만 원 이상

하지만 이 표를 따르는 게 절대적인 방법이 아니라 산정에 참고가 되는 자료로써 활용되는 것이고, 만약 아이에게 고액의 치료비가 들거나, 교육에 비용이 많이 드는 등과 같은 개별 상황이 양육비 책정에 고려됩니다.

또한 한번 정해진 양육비에 대해서도 감액 청구나 증액 청구 역시 가능합니다. 자녀 양육 환경을 위해 필요하다고 인정되는 경우에는 증액 신청을 할 수 있으며, 재산 상황 변화나 물가 변동 등 다양한 조건을 고려하여 감액 청구도 인정되는 경우가 있습니다.

양육비를 못 받고 있습니다. 강제로 받아올 수 있는 방법이 없을까요?

양육비를 제대로 받지 못하고 있는 경우 **양육비 직접지급명령제도,**

담보제공 및 일시금지급명령제도, **이행명령 및 강제 집행** 등의 방법으로 양육비 지급을 강제할 수 있는 방안들이 마련되어 있어요.

먼저 합의 또는 법원의 판결에 의해 확정된 양육비를 받지 못하는 경우 양육비이행관리원에 양육비 이행확보에 필요한 법률 지원을 신청할 수 있어요. 지원 대상자에 해당하는 경우 양육비가 지급되지 않아 자녀의 복리가 위태롭게 될 우려가 있는 경우라면, 한시적 양육비 긴급 지원도 신청할 수 있습니다. '양육비 지급 이행 강제 지원 및 한시적 양육비 긴급 지원'에 대한 자세한 내용은 양육비이행관리원www.childsupport.or.kr에서 확인할 수 있습니다.

또한 양육비를 정당한 사유 없이 2회 이상 지급하지 않는 경우, 양육비 미지급자의 급여에서 정기적으로 양육비를 공제하여 양육비 채권자에게 직접 지급하도록 양육비 직접지급명령을 신청할 수도 있어요. 만약 상대방이 급여를 받는 것이 아니라 자영업자 혹은 프리랜서인 경우, 양육비 미지급자에게 상당한 담보의 제공을 명할 수도 있고요. 이때 담보를 제공하여야 할 기간 내에 이를 제공하지 않는 경우 양육비의 전부 또는 일부를 일시금으로 지급하도록 명할 수도 있습니다. 그뿐만 아니라 양육비 의무를 이행할 것을 명하는 이행명령 신청도 가능합니다.

이런 조치 후에도 지급이 없는 경우에는 1천만 원 이하의 과태료나 30일 이내의 감치 처분이 이루어질 수 있습니다. 하지만 이런 감치 처분이 실효성이 없다는 주장이 제기됨에 따라 「양육비 이행확보 및 지원에 관한 법률」 개정이 이루어졌고, 2021년 6월부터는 감치 결정 후에도 1년 이내에 양육비를 지급하지 않는 경우 1년 이하의 징역 또는 1천만 원 이하의 벌금형에 처하고 있습니다.

그뿐만 아니라 채무자, 즉 양육비 미지급자에게 소명 기회가 주어진 후 채무자 신상이 인터넷에 공개될 수도 있고 운전면허 정지 처분 요청도 가능한 것으로, 양육비 지급을 강제하는 방안들이 대폭 강화된 만큼 부디 양육비를 미지급해서 자녀의 복리를 위태롭게 하는 일이 없어졌으면 하는 바람입니다.

부부로의 인연은 끊을 수 있어도 부모와 자식의 인연은 계속되어야 합니다. 아이들에게 힘든 일이 생기지 않도록 양육비, 이건 진짜 꼭 좀 줍시다!

건전한   인터넷 생활을 할 권리

PART 5

××××
××××

임주혜 변호사

중고 사기 구제 방법

01. 사기죄 고소 가능 여부

"중고 마켓에서 백화점 상품권을 무려 40%나 할인된 금액에 판매한다는 글을 보고 구매했습니다. 오후 2시까지 선입금을 하면 바로 택배를 보내 내일이면 받아볼 수 있다는 말을 철석같이 믿었는데, 다음 날이 돼도 택배는 오지 않고 판매자는 연락도 되지 않습니다. 게시판을 살펴보니 해당 판매자로부터 동일한 수법의 피해를 본 피해자가 이미 여러 명인 것도 확인했습니다. 너무 억울하고 분해서 사기죄로 고소하고 싶습니다."

요즘 중고 거래 플랫폼이 활성화되면서 많은 분들이 이런 중고 거래를 이용하고 있다. 필요 없어진 물건을 다시 되팔아 돈을 벌 수도 있고, 자원도 재활용된다는 점에서 매우 바람직하지만, 원래 구매하기로 한 물건보다 훨씬 하자 있는 물건이 오거나, 아예 물건이 도착하지 않는 경우 등 다양한 피해 사례도 속출하고 있다. 중고 장터에서 피해를 본 경우, 어떻게 해결할 수 있을까?

사기죄로 고소가 가능한가요?

인터넷을 통해 물건을 판매할 의사나 능력이 없으면서 거래를 약속하고 대금을 받는 행위는 「형법」상 **사기죄**에 해당합니다. 「형법」 제347조사기에 따르면 사람을 기망하여 재물의 교부를 받거나 재산상의 이익을 취한 자는 10년 이하의 징역 또는 2천만 원 이하의 벌금에 처하도록 되어 있습니다.

따라서 중고 장터에서 물품을 구매하고 비용을 지급했는데도 물건을 받지 못하고 판매자도 잠적해 버린 경우 가까운 경찰서를 찾아 사기죄로 고소할 수 있습니다. 이때 판매자와의 대화 내용 캡처, 상대방 계좌정보가 들어 있는 거래명세서, 전화번호 등 관련 증거를 최대한 함께 제출하는 것이 수사에 도움이 됩니다.

다만 개인별 피해액이 소액인 경우 실제로 고소까지 진행하는 데 부담을 느껴 그냥 포기하는 경우도 많이 있고, 때에 따라서는 동일한 판매자로부터 유사한 피해를 당한 피해자분들이 함께 고소를 진행하며 대응하는 경우도 있어요.

02. 피해 구제 방법

사기죄로 고소했다고 바로 돈을 받을 수 있는 게 아니라고요?

앞서 살펴본 대로 경찰서에 가서 사기꾼을 사기죄로 신고하는 일은 **형사적 절차**입니다. 형사적 절차에서는 사기꾼에게 죄의 유무를 따져 죄가 있으면 처벌을 하게 됩니다. 하지만 실제로 내가 피해를 본 부분을 금전적으로 배상 받기 위해선 이런 형사적 절차와는 별도로 **민사 절차**를 밟아야 합니다. 즉 내가 받을 돈이 있다는 걸 법원으로부터 '재판을 통해 확인받는 절차'를 거쳐야 하지요. 따라서 사기죄로 형사고소를 하는 것과는 별도로 민사소송을 제기해야 피해를 구제받을 수 있습니다.

민사소송에서 이겨도 돈을 못 받을 수 있다?

민사소송에서 이기는 경우, 즉 법원에서 내가 돈을 받을 권리가 있다고 확인해 주었다고 해서 바로 돈이 들어오진 않습니다. 순순히 상대방이 피해를 보상한다면 좋겠지만, 그렇지 않은 대다수의 경우 결국 별도로 강제 집행을 신청해서 상대방의 재산 중에서 내가 받을 돈만큼을 강제로 받아오는 절차를 거쳐야 합니다. 이때 상대방이 미리 다른 곳으로 돈을 빼돌리는 걸 방지하기 위해 민사소송을 제기할 때, 상대방의 재산을 다른 곳으로 빼돌릴 수 없도록 묶어 두는 **가압류**도 함께 진행하게 됩니다.

배상명령 제도 활용

원칙적으로는 형사 절차와 별도로 민사 절차를 거쳐 금전 피해에 대한 보상을 받아야 하지만, 피해자가 입은 피해에 대해 신속하고 간편하게 보상받을 수 있도록 하기 위해 우리나라는 **배상명령 제도**를 두고 있습니다. 따라서 사기죄로 형사 절차를 진행하는 경우 형사 재판부에 피해 사실을 알리고, 피해 구제까지도 한 번에 신청이 가능하게 된 셈이죠.

중고 피해 예방하는 법

사기죄로 고소하고 배상명령이나 민사소송을 통해 피해를 구제받는다는 것이 말처럼 쉬운 일만은 아닙니다. 실제로 가해자가 재산이 하나도 없는 경우, 아무리 소송에서 이기더라도 피해를 구제받을 길이 없는 경우도 있으니 이런 피해는 예방하는 게 최선이겠지요.

따라서 인터넷 직거래 시 가급적 대면 거래, 또는 안전 거래를 이용하는 게 바람직하며 판매자가 안전 거래수수료를 받고 돈의 전달 및 구매자의 정보 관리를 중개해 주는 인터넷 거래 방식를 하자며 링크를 보내는 경우 반드시 사이버캅 앱경찰청에서 제공하는 사기 이력, 피싱 사이트 조회 서비스 앱을 통해 피싱 사이트 여부를 확인해야 합니다. 또한 판매자 연락처와 계좌 번호 사기 이력 등을 거래 전에 확인하는 것도 피해를 예방하는 데 도움이 됩니다.

마지막으로 다음의 상황에선 피해를 볼 가능성이 매우 높으므로 이런 거래는 가능한 피하는 것이 좋아요.

① 시장 가격보다 지나치게 저렴한 가격으로 물건을 판매하는 경우
② 물건의 실제 사진 등을 게시하지 않고 제품 이미지만 올려 둔 경우
③ 판매자의 정보를 제대로 공개하지 않는 경우

제2장

×

블로그, 인스타그램 마켓 피해 구제

01. 환불 불가? 교환 불가?

온라인 거래,
안전하게
합시다

"수만 명의 팔로워를 거느린 SNS 인플루언서가 판매하는 신발을 구매했습니다. 마켓 특성상 환불 불가, 교환 불가라는 공지를 저도 확인했습니다. 하지만 물건을 받아 보니 평소에 제가 신는 신발 사이즈를 주문했음에도 신발이 작아 도저히 신을 수가 없어 환불을 요청하려고 하는데, 판매자는 사전에 환불 불가를 안내했으니 환불해 줄 수 없다고 하더라고요. 환불 불가, 교환 불가라고 판매자가 미리 알린 경우 저는 정말 환불을 받을 수 없는 건가요?"

예쁘고 감각적인 사진들이 넘쳐나는 SNS 세상은 물건을 홍보하기 가장 적합한 장소로 주목받는다. 몇 년 새 엄청나게 커진 SNS 마켓. 커진 시장 규모만큼 피해를 호소하는 피해자들도 늘고 있다. 블로그와 인스타그램 마켓에서 산 물건 역시 환불이나 교환의 대상이 되는지 살펴보자.

SNS 마켓에서 산 물건도 교환, 환불이 가능한가요?

통상 SNS 마켓은 인터넷을 통해 특정 제품의 판매 정보를 제공하고 소비자의 주문을 받아 상품을 판매하는 곳입니다. 이 경우 SNS 마켓은 「전자거래법」상 통신판매업자에 해당한다고 볼 수 있고, 통신판매업종으로 신고해야 함은 물론 「전자상거래법」을 준수할 의무를 부담합니다.

「전자상거래법」 제17조에 따르면 전가상거래 방식으로 구입한 물품은 수령 후 7일 이내에 환불받을 수 있도록 되어 있습니다. 다만 소비자의 잘못으로 물건이 멸실되거나 훼손된 경우, 소비자가 사용해서 물건의 가치가 뚜렷하게 떨어진 경우, 시간이 지나 다시 판매하기 곤란할 정도로 물건의 가치가 현저하게 떨어진 경우에는 예외로 하고 있지요.

다음과 같이 「전자상거래법」을 기준으로 SNS 마켓에서 흔히 제시하는 환불 제한 문구들이 법에 위반되진 않는지 살펴봅시다.

① 주문 제작 상품이기 때문에 환불이 어렵다고 하는 경우: 우선 기성 제품을 추가 생산하는 방식을 주문 제작으로 볼 수 없습니다. 다만 개인의 요구대로 만들어진, 즉 개인의 사이즈 등에 특화해서 만든 제품의 경우라면 환불이 제한될 수 있습니다.

② 단순 변심으로 인한 환불 불가를 안내하는 경우: 단순 변심일지라도 위에서 언급한 예외 조건에 해당하지 않는 경우 환불이 가능합니다.

③ 물건 수령 후 24시간 이내로 환불 기간을 축소해 둔 경우: 법에 따르면 상품 수령 후 7일 이내라면 환불이 가능하고 제품이 광고 또는 계약 내용과 다른 경우라면 3개월 이내에도 환불을 요구할 수 있습니다.

교환, 환불을 판매자가 거절하는 경우, 어떻게 해야 하죠?

판매자가 부당한 이유로 환불을 거부하는 경우 **1372 소비자상담센터, 한국소비자원, 한국 전자상거래센터**를 통해 상담을 받고 피해 구제 절차를 밟을 수 있습니다. 이때 사업자 정보와 함께 카드 영수증이나 거래 관련 녹취 메시지, 환불을 요구한 기록 등이 있으면 피해 사실을 더 쉽게 증명할 수 있어요. 하지만 통신판매업자로 신고하지 않은 SNS 마켓의 경우, 이는 개인 간의 거래로 여겨져 소비자가 이 법에 따른 피해 보상을 받기 어렵습니다. 또한 판매자의 연락처, 사업자 주소 같은 정보를 알 수 없고, 비밀 댓글이나 SNS 메시지 등 폐쇄적인 거래 특성상 관리 감독이 어려워 사실상 피해 구제가 제대로 이루어지지 못하고 있으니, 소비자들의 각별한 주의가 필요합니다.

02. 짝퉁 판매

"중고 마켓을 통해 명품을 구매했습니다. 진품으로 믿고 구매했는데 얼마 전 지퍼 수리를 위해 매장을 방문하니 위조품이라는 겁니다. 판매자를 처벌할 수 있나요?"

"인터넷 쇼핑몰에서 평소 눈여겨보고 있던 명품 가방을 발견했습니다. 로고며 디자인이며 제가 원하는 가방과 똑같은데 가격은 1/10 수준이더라고요. 짝퉁인 걸 알고 있었지만, 너무 가지고 싶던 가방이기에 구매했습니다. 짝퉁을 구매한 저도 처벌받게 되나요?"

명품 가방이며 옷, 신발이 넘쳐나는 SNS를 구경하다 보면 나도 저런 명품 하나쯤 갖고 싶다고 생각하게 된다. 하지만 비싼 가격에 망설이다가 유사한 디자인에 로고까지 똑같은 제품을 저렴한 가격에 판매하는 걸

보면 위조품이라도 사고 싶은 달콤한 유혹에 빠질 수 있다. 짝퉁을 판매하는 행위, 구매하는 행위는 어떤 책임을 지게 되는지 살펴보자.

디자인, 로고도 완벽히 카피한 제품, 판매자는 어떤 처벌을 받나요?

위조품을 진품이라고 속여 소비자에게 판매한 경우라면 이는 타인을 속여 재산의 이익을 취한 것이므로 「형법」상 사기죄에 해당합니다. 이때 피해자는 해당 물품을 구매한 소비자뿐만 아니라 해당 제품의 상표를 가진 상표권자도 피해자가 되기 때문에 「상표법」 위반에 따른 책임도 지게 되지요. 현행법상 상표권을 침해한 경우 7년 이하의 징역 또는 1억 원 이하의 벌금에 처할 수 있습니다.

한편 소비자가 해당 제품이 위조품인지 알고 구매한 경우라 할지라도 제3자가 볼 때 진품인지 짝퉁인지 여부를 혼동할 수 있고, 제품이 중고 판매로 넘어갈 경우 2차 소비자가 짝퉁을 진품으로 착각할 수 있으므로 이 역시 위법하다고 보고 있습니다.

짝퉁을 구매한 사람도 처벌을 받게 되나요?

현행법상 단순 구매자를 처벌하는 규정은 명확히 존재하지는 않지만, 개인이 해외 직구 등을 통해 구매해 우편물 등으로 반입된 위조품의 경우 그 수량이 한 개일지라도 단속 대상이 돼 폐기될 수 있습니다. 무엇보다도 처벌 여부에 관계없이 누군가의 정당한 노력이 담긴 상표권을 침해하고 시장 질서를 어지럽히는 일이라는 점에서 이런 제품 구매는 피해야 하겠죠?

×

인터넷 명예훼손, 모욕

01. 악플 고소하는 법

유명 연예인에 대한 근거 없는 비방부터 인신공격까지 도를 넘은 악성 댓글이 사회문제로 떠오르며 포털 사이트에서는 연예 분야 댓글 기능이 폐지되기에 이르렀다. 유명 연예인들뿐만 아니라 요즘 개인 방송이나 SNS 등 각종 매체를 통한 개인의 활동들이 늘어나게 되면서 악플로 인한 피해를 호소하는 분들이 더 많아지고 있다. 악플, 과연 법적으로는 어떻게 대응할 수 있을까?

처벌 대상이 되는 악성 댓글은 어떤 건가요?

기분 나쁜 댓글이 달렸다고 모두 처벌이 가능한 것은 아닙니다. 우선 해당 댓글에 피해자가 특정되어야 합니다. 특정되어야 한다는 의미는 단순히 어떤 집단이나 대중 일방을 상대로 비난한 것이 아니라 어떤 특정인이 지목되어야 한다는 뜻인데, 이때 반드시 실명을 거론할 필요는 없고 그 내용을 제3자가 보았을 때 해당 피해자를 떠올릴 수 있는 정도면 특정된 것으로 봅니다.

또한 상대방을 **비방하려는 의도**가 드러나야 합니다. 해당 악성 댓글로 상대방의 사회적 이미지, 지위, 평가 등을 심각하게 저해할 정도인지를 판단하게 됩니다. 마지막으로 **공연성이 인정**되어야 합니다. 여기서 공연성이란 불특정 다수가 이런 비방을 인식할 수 있는 상태였는지를 의미해요.

악플러들은 어떤 처벌을 받게 되나요?

이런 악성 댓글은 보통 인터넷을 매개로 하여 작성되고 전파되므로 이 경우 「정보통신망법」상 **명예훼손죄**를 적용받게 됩니다. 사람을 비방할 목적으로 정보통신망을 통해 공공연하게 거짓의 사실을 드러내어 다른 사람의 명예를 훼손한 자는 7년 이하의 징역, 10년 이하의 자격정지 또는 5천만 원 이하의 벌금에 처하게 되는데요. 이때 해당 댓글 내용이 사실일지라도 사람을 비방할 목적으로 정보통신망을 통해 공공연하게 사실을 드러내어 다른 사람의 명예를 훼손한 경우라면 3년 이하의 징역 또는 3천만 원 이하의 벌금에 처하게 됩니다.

한편 특정 사실을 적시하지 않고 사람의 사회적 평가를 저하할 만한 추상적 판단이나 경멸적 감정을 표현하는 경우, 즉 상대방을 비방할 목적이 없다 하더라도 상대방에게 입에 담지도 못할 욕설이나 인신공격을 쏟아 내는 경우에는 모욕죄가 적용될 수 있고 이 경우 1년 이하의 징역이나 2백만 원 이하의 벌금으로 처벌될 수 있습니다.

악플로 인한 처벌 사례는 꾸준히 증가하고 있어요. 악성 댓글이 유명인이 아닌 일반인들도 괴롭히는 등 문제의 심각성이 계속 커지다 보니, 법정에서 판단하는 처벌 수위도 더 올라가지 않을까 생각됩니다.

악플은 어떻게 고소하면 될까요?

명예훼손, 모욕죄로 고소를 진행하려면 상대방의 인적사항 등을 확보한 뒤 고소장을 쓰고 경찰서에 접수하면 됩니다. 인터넷에서 일어나는 일이다 보니 가해자의 인적 사항을 확보하는 것이 쉽지 않지요. 법적 처벌을 위해서 가장 중요한 건 바로 **증거 확보**이기 때문에 일단 명예훼손적 발언이나 욕설이 담긴 해당 악플을 캡처하거나 촬영해 두는 것이 필요합니다. 이를 통해서 특정 아이디를 가진 사람이 악플을 지속적으로 달았다는 것을 증명할 수 있고, 이런 식의 캡처 자료를 통해 수사기관에서는 IP 주소를 추적해 가해자를 찾아낼 수 있어요.

악플은 피해자와 합의하면 처벌받지 않는 건가요?

"피해자가 반성하고 있고 학생이라는 점을 참작해 선처해 줬다."

연예인의 악플에 대한 고소 진행 과정에서 이런 얘기를 자주 들어 봤을 거예요. 이는 해당 죄가 **반의사불벌죄**이기 때문입니다. '반의사불벌죄'란 피해자가 그 처벌을 희망하지 않는다면 처벌할 수 없는 죄를 말해요. 이는 피해자의 고소가 없이도 처벌할 수 있으나, 피해자가 적극적으로 처벌하지 않기를 희망하는 의사를 표시한 때에는 형벌권이 소멸하는 것을 의미합니다.

예전에는 연예인의 악플 고소 사건의 경우 이후 선처를 받아 처벌까지 이루어지지 않는 경우도 종종 있었으나, 요즘은 악성 댓글에 엄정 대응하겠다는 인식이 확고하게 자리 잡은 만큼 선처를 기대하며 함부로 댓글을 다는 일은 없어야 하겠죠?

02. 제품 후기, 리뷰와 명예훼손

"인터넷에서 구매한 제품에 하자가 있어 게시판에 환불 신청을 했지만, 며칠째 답변도 없고 고객센터는 연결도 안 되더라고요. 억울한 마음에 여러 인터넷 카페에 해당 업체에 대한 불만을 토로하는 글을 올렸는데, 글쎄 해당 업체에서 저를 명예훼손으로 고소한다고 합니다. 너무 억울해요. 저는 처벌받게 되는 건가요?"

"저는 음식점을 운영하고 있습니다. 성실하게 음식을 만들며 정직하게 장사한다고 자부하고 있었는데, 한 고객이 배달 앱 리뷰난에 '양이 너무 적다. 간이 안 맞는다.' 이렇게 부정적인 리뷰를 달기 시작하더니 급기야 음식을 먹고 배탈로 고생했다는 등, 벌레가 나왔다는 등의 허위 악성 리뷰를 달아 저희 가게 매출이 절반으로 떨어졌습니다. 사실과 다른 내용의 후기 작성으로 엄청난 손해를 보고 있는데 처벌할 방법이 없을까요?"

요즘은 물건을 사거나 음식을 주문할 때 대부분 구매 후기, 제품 후기, 리뷰부터 살펴보는 게 일상이 됐다. 먼저 사용해 본, 먹어본 고객들의 생생한 체험을 들을 수 있다는 장점도 있지만, 허위 후기 작성으로 판매자가 큰 손해를 보거나, 정당한 문제 제기가 명예훼손으로 매도되는 경우도 발생한다. 후기 작성과 리뷰는 어떨 때 허용되고, 어떨 때 처벌될까?

부정적인 리뷰! 어떤 경우 허용되고, 어떤 경우 명예훼손일까요?

온라인에서 제품 후기, 리뷰가 제품 평판, 판매에 막대한 영향을 끼치게 되면서 판매자들은 좋은 리뷰를 받기 위해 노력하는 한편, 부정적인 리뷰는 없애기 위해 많은 조치를 취하고 있죠. 또한 고의적이고 악의적으로 부정적인 리뷰를 남겨 가게를 망하게 하는 경우도 있으니 이런 부정직 후기들과 관련된 명예훼손 이슈가 끊이지 않고 있습니다.

부정적인 리뷰, 후기로 인해 매출에 직격탄을 맞은 판매자는 「정보통신망법」상 명예훼손죄로 후기를 작성한 사람을 고소할 수 있습니다. 이 조항은 앞서 살펴본 바와 같이 **정보통신망을 이용해 사람을 비방할 목적으로 공공연하게 허위의 사실을 드러내 다른 사람의 명예를 훼손했을 때** 적용됩니다. 결국 소비자가 쓴 항의 글이나 후기에 '비방할 목적'이 있었느냐가 쟁점이 되는 셈이죠.

대법원은 실제 산후조리원을 이용한 뒤 "서비스가 좋지 않았다."라는 점을 인터넷 카페와 개인 블로그에 구체적으로 적시했다가, 해당 산후조리원으로부터 「정보통신망법」상 명예훼손 혐의로 고소한 사건에 대해 실제 이용하면서 겪은 일에 대한 주관적 평가이고, 다소 과장된 표현이 사용되기도 했지만 객관적 사실에 부합하는 점, 산후조리원 정보를 검색하는 인터넷 사용자들에 한정되는 점, 산후조리원에 대한 정보를 구하는 임산부의 의사결정에 도움이 되는 공공의 이익에 관한 것이라며 「정보통신망법」상 명예훼손죄의 '비방의 목적'이 없다고 판단한 바 있습니다.

즉 다음의 기준으로 명예훼손에 해당하는 후기인지를 판단하겠다는 기준을 제시한 것이지요.

① 소비자가 실제 겪은 일로 객관적 사실을 바탕으로 표현했는지
② 게시글이 특정 소비 분야나 업체의 정보를 구하는 인터넷 사용자들에게 한정되는지
③ 밝힌 내용이 다른 소비자의 의사결정, 알 권리와 관련되는 공공의 이익에 관한 것인지

따라서 객관적 사실을 바탕으로 작성되고, 특히 공공의 이익을 위해 공개한 것이라는 점이 인정된다면 부정적인 후기일지라도 명예훼손으로 처벌받지 않습니다.

앞서 서두에서 제시했던 사례들을 위의 기준에 따라 판단해 보면

① 하자가 있는 제품을 정당하게 환불 신청했음에도 제대로 응대를 받지 못했고, 이를 인터넷에 후기 형식으로 남긴 경우: 객관적인 사실을 바탕으로 할 뿐만 아니라, 다른 소비자들이 추가적인 피해를 보지 않도록 의사 결정에 도움이 되는 공공의 이익에 관한 것임이 인정될 것으로 보여 명예훼손의 책임을 지지 않을 가능성이 높습니다.

② 사실과 다른 허위의 후기를 배달 앱에 남기는 경우: 객관적 사실에 부합하지 않고 단지 개인의 불만이나 해당 업체에 대한 앙심을 품고 이런 거짓 리뷰를 남겼다면 이는 비방할 목적이 인정되어 명예훼손의 책임을 질 가능성이 높습니다.

×

저작권 침해

01. 배경음악, 이미지 저작권

저작권
원포인트로
알려드려요

"제가 만든 영상에 배경음악을 삽입하고 싶어요."

"재미있는 영상을 위해 최신 유행하는 짤이나 연예인 이미지를 넣고 싶어요."

"영화나 드라마 리뷰 유튜브를 운영하고 싶은데, 드라마 영상을 짧게 포함해도 될까요?"

너도나도 유튜버를 꿈꾸는 요즘! 하나의 영상을 만들기 위해서는 이미지도 음악도 때로는 다른 사람이 만든 영상도 필요할 때가 있다. 하지만 이 모든 것들이 '누군가의 창작물'이라는 것 그리고 해당 창작물은 '주인'이 있다는 것을 명심해야 한다. 어떤 경우에 저작권이 있으며 음악, 이미지, 영상 등은 어떻게 허락을 얻어 활용할 수 있는지 알아보자.

배경음악, 누구에게 허락을 받고 써야 할까요?

한 음악이 완성되려면 가수 외에도 작사가, 작곡가, 편곡자, 제작자 등 여러 명이 그 음원에 대한 권리를 가집니다. 따라서 원칙적으로는 어떤 음악을 영상에 이용하려면 작곡가, 작사가, 편곡자, 가창자, 연주자, 음반 제작자 모두에게 허락을 구해야 합니다. 하지만 어떤 음악을 사용하려 할 때마다 이 사람들을 하나하나 찾아다니며 허락을 구할 순 없는 노릇이죠. 그래서 신탁 단체인 **한국음악저작권협회** 등에서 음악 저작물을 사용하는 사람들로부터 사용료를 징수하고 또 분배 규정에 의거해서 사용료를 배분하며 방송, 노래방, 광고대행사, 출판사 등 사용자에게 사용 허락을 대신해 주고 있습니다.

한편 유튜브에서는 영상에 사용하고자 하는 음악을 검색하면 해당 음악에 대한 저작권 소유자가 설정해 둔 정책을 확인할 수 있습니다.

유튜브에서는 저작권 소유자에게 Content ID를 부여해 주고, 이들은 본인의 저작권을 침해한 게시물에 대해서 다음의 두 가지 중 하나를 선택할 수 있어요.

① 동영상 전체를 시청할 수 없도록 차단하기
② 동영상에 광고를 게시하여 수익 창출하기

따라서 본인이 영상에서 사용하고 싶은 음원이 있다면, 이곳에서 정책을 확인해 해당 음원을 사용하는 것이 불가능한지 아니면 사용은 가능하나 발생하는 수익을 저작권자가 가져가는지 확인하면 됩니다. 또한 유튜브에서는 자체적으로 사용 가능한 배경음악과 효과음을 제공하고 있으며, 일부 배경음악의 경우 출처만 표기하면 무료 사용이 가능하게 되어 있으니, 이런 **무료 음원을 활용**하는 것도 좋은 팁이 되겠죠?

짤, 밈은 마음껏 사용해도 되는 걸까요?

보통 인터넷상에서 **짤, 밈**과 같이 인기를 끄는 영상과 이미지 등은 등장하는 초상권자나 영상의 저작권자 사용을 문제 삼지 않는 경우가 대부분입니다. 해당 짤의 인기로 본인의 인지도 상승이나 원 영상, 제작물의 인기가 올라가는 경우가 많기 때문이죠. 하지만 원칙적으로는 이런 이미지, 영상의 사용도 「저작권법」에서 자유로울 수는 없습니다. 물론 삽입한 영상이 저작권자가 배포를 허용한 경우라면 3초든 3시간이든 자유롭게 쓸 수 있지만, 그런 경우는 드물어요. 원 영상 소스를 사용하든, 캡처본을 사용하든 저작권에 대한 사전 협의나 자유로운 사용을 허락한 경우가 아니라면, 수익을 내지 않는 영상에 사용한 경우라 할지라도 저작권 침해의 가능성이 있다는 점은 유념해야 돼요.

특히 인터넷에 돌아다니는 **무료 소스**에서 다운받을 때 저작권 침해에서 벗어난다고 생각하는 분들이 많아요. 영상 자료의 원저작권자가 직접 배포한 것이 아니고, 편집자들끼리 어떤 블로그 혹은 어느 사이트에서 다운받은 것이라면 그 영상 자료를 업로드한 사람부터 저작권을 침해하고 있을 가능성이 높다는 점을 알아 두어야 합니다.

02. 드라마, 영화 리뷰와 저작권

"영화 영상을 짧게 잘라 10초씩만 보여주거나 드라마 영상은 오른쪽 구석에 작게 두고 드라마에 대한 감상과 비평을 목소리와 자막으로 곁들이는 건 가능하지 않나요?"

"영화 리뷰는 저작권자의 허락 없이도 공표된 저작물을 보도, 비평, 교육, 연구 등을 위하여 정당한 범위 안에서 이용할 수 있는 '공정이용'에 해당하니 개인 유튜브 채널에서 영화 영상을 사용해도 되는 거 아닌가요?"

유튜브는 초창기보다 저작권 정책을 점점 엄격하게 적용하고 있다. 저작권에 위배되는 콘텐츠가 업로드된 것이 확인되면 해당 영상을 통한 수익 창출을 중지시키는 한편, 최악의 경우 채널을 정지시키기도 한다. 실제로 유튜브가 영화나 드라마 리뷰 채널에 대한 본격적인 단속에 나선 2018년도 이후 수십만의 구독자를 거느린 리뷰 채널들의 많은 리뷰 영상이 삭제되었다. 해당 콘텐츠는 '공정이용'임을 이유로 저작권 위반이 아니라고 주장하는 목소리도 거셌지만 '공정이용'이라는 이들의 반론, 과연 쉽게 받아들여질 수 있을까?

영화, 드라마 리뷰는 공정이용에 해당할까요?

공정이용이란 변화된 디지털 사회의 다양한 저작물 이용 상황에 대응하기 위해 저작권자의 허락이 없이도 공표된 저작물을 보도, 비평, 교육, 연구 등을 위하여 정당한 범위 안에서 공정한 관행에 합치되게 이용할 수 있게 하는 것입니다「저작권법」제28조.

법원에서 '공정이용'에 해당하는지를 판단할 때는 다음의 사항을 고려하게 됩니다.

① 저작물 이용의 목적영리성이 있는지
② 저작물의 종류 및 용도
③ 이용된 부분이 저작물 전체에서 차지하는 비중과 중요성
④ 저작물의 이용이 그 저작물의 시장 가치에 미치는 영향

그럼 유튜브의 수많은 영화, 드라마 리뷰 채널들은 해당 영상이 저작물에 대한 비평의 내용을 담아서 저작권자의 허락 없이도 저작물을 이용할 수 있는 '공정이용'이라고 주장할 수 있을까요? 앞서 본 '공정이용'을 판단하는 법원의 네 가지 기준에 따라 살펴볼게요.

첫째, 광고를 붙여 수익을 올릴 수 있는 유튜브의 특성은 '공정이용'을 인정받는 데 불리한 정황이 됩니다.

둘째, 사실적인 정보 전달이나 공익적 내용을 담고 있는 저작물이

라면 '공정이용'이 인정될 가능성은 높겠지만 영화나 드라마같이 그 자체가 상업적, 오락적 요소를 주된 내용으로 하는 저작물의 경우 '공정이용'이 인정되기가 좀 더 까다로울 것으로 보입니다.

셋째, 이용된 부분이 영상물 전체에서 차지하는 비중을 따져보면, 법원은 영화 〈해피 에로 크리스마스〉에서 등장인물이 영화 〈러브레터〉를 30초 정도 시청하는 장면에 대해 전체 2시간이 넘는 영화 중 30초 정도는 공정이용에 해당할 수 있다고 판단한 바 있지만, 한 예능 프로에서 영화 〈대괴수 용가리〉의 일부 장면을 약 3분 정도 보여준 것에 대해서는 공정이용에 해당하지 않는다고 판단한 것을 보면 사실상 대부분의 리뷰 채널도 사용된 영상의 분량이 짧았다는 이유로 공정이용을 주장하기는 조금 어렵습니다.

넷째, 요즘 사람들은 2시간 이상 긴 호흡으로 관람하는 영화나 16부작을 기다려 봐야 하는 드라마를 10분 남짓으로 압축해서 유튜브로 보는 걸 선호하고 있다는 점에서 리뷰 채널이 원저작물인 영화나 드라마 시장 가치도 위협하고 있다고 판단될 가능성이 높아요.

결론적으로, 영화나 드라마 저작권자의 허락을 받지 않고 무단으로 영상을 사용하는 경우 아무리 독창적인 리뷰 해설을 곁들이거나 영상을 짧게 10초씩 끊어 사용한다고 해도 모두 **저작권 위반**이 될 수 있습니다.

영화, 드라마 리뷰를 위해서는 누구에게 허락을 받아야 하나요?

흔히 유명 리뷰 채널 덕분에 영화를 제대로 보고 싶어져서 VOD를 사들이게 되거나 맛깔나는 드라마 리뷰 덕분에 드라마가 공전의 히트를 기록하는 경우도 많습니다. 사실 영화나 드라마 리뷰 채널들은 가장 강력한 마케팅 수단이자 홍보 창구가 됩니다. 그렇기 때문에 이런 리뷰 영상에 대해 저작권 위반을 문제 삼거나 법적 조치를 취하지 않는 경우가 많았던 거겠죠.

이런 홍보 효과 덕분에 오히려 유명 리뷰 채널에는 제작사의 홍보 담당자가 먼저 연락해서 리뷰를 부탁하기도 합니다. 그리고 메일이나 전화로 리뷰를 위한 영상 사용에 대한 허락을 구하면 제작사에서 리뷰에 사용 가능한 영상을 따로 제공하거나 예고편 영상을 전달하기도 하고, 개봉한 지 오래된 영화나 방영이 끝난 드라마의 경우 영상을 제한 없이 사용하게 해 주기도 한답니다. 하지만 국내 및 해외 배급사와 제작사별로 저작권 위반에 대한 입장이나 기조가 워낙 다르기 때문에 기본적으로 저작권자의 허락을 정식으로 얻어 리뷰 영상을 제작해야 한다는 점은 꼭 명심하기 바랍니다.

03. 무료 폰트가 무료가 아니다?

"인터넷에서 무료 폰트를 다운로드받아 회사에서 제작하는 카탈로그에 사용했습니다. 분명 무료 폰트였는데 저작권 위반 내용증명을 받았어요. 어떻게 대응해야 하나요?"

"영상 편집의 꽃이 자막이고 자막은 폰트가 제일 중요하다고 하는데… 인터넷에서 다운로드받아 사용하면 문제없겠죠?"

폰트 회사에서 저작권 침해 내용증명이 날아왔다는 얘기, 한 번쯤은 인터넷에서 혹은 주변에서 들어봤을 것이다. '글씨체 그거 그냥 아무거나 인터넷에서 다운로드받아 사용하면 되는 거 아니야?' 이렇게 생각했다가는 큰코다칠 수 있다. 무료 폰트가 무료가 아닐 수 있기 때문이다.

<u>무료 폰트도 사용하면 안 되는 경우가 있다?</u>

폰트는 **창작자/폰트 회사가 저작권**을 갖고 있습니다. 유료 폰트인 경우 구매를 해서 사용해야 합니다. 무료 폰트인 경우라도 '이용약관' 등에 표시된 조건을 지켜서 사용해야 돼요.

무료 폰트인 경우도 이용 약관상 '비영리/개인 목적 사용 가능'인데, 다음의 상황에서 사용할 경우 약관을 위반하여 사용한 것이 되어 저작권 위반의 책임을 지게 될 수도 있어요.

① 수익을 내는 유튜버가 사용한 경우
② '인쇄용' 폰트를 이용해 영상을 제작한 경우
③ '기업 상징 사용 금지'인데 채널아트, 프로필, 섬네일 등에 고정
   된 로고로 사용할 경우

요즘 폰트 회사들이 적극적으로 저작권을 행사하는 경우가 많아 내용증명을 발송하고 실제 소송까지 이어지는 경우도 있으니, 개인 블로그나 홈페이지에 게시된 폰트 파일을 다운로드받을 때는 각별한 주의가 필요하답니다.

04. 저작권 침해 시 대응 방법

"개인 방송에 사용한 폰트가 저작권을 침해했다며 막대한 배상 및 형사 고소까지 불사하겠다는 내용증명을 받았어요. 며칠 동안 잠도 못 자고 걱정이 이만저만이 아니었는데, 사실관계를 제대로 파악해 보니 해당 폰트는 영상에 사용된 적이 없고 스팸 메일처럼 무작위로 발송되는

내용증명이지 뭐예요. 쓸데없이 마음고생을 한 거라 너무 억울해요."

"저작권이 침해된 이미지가 사용되었으니 시정 조치 및 배상을 하라는 내용증명을 몇 차례 받았지만, 그냥 별일 아니라고 생각했는데 결국 형사 고소장을 받고 부랴부랴 합의금을 지급했습니다."

내용증명! 경고장! 고소장! 이름만 들어도 뭔가 무시무시한 내용일 것 같고, 내가 뭔가 크게 잘못했을 것 같은 기분이 든다. 저작권을 침해했다는 연락을 받은 경우, 도대체 어떻게 대응해야 할까?

저작권 침해 시 어떻게 대응해야 할까요?

① 사실관계 조사

보통 저작권 침해 사실을 알리는 내용증명이나 경고장 등을 먼저 받게 되지요. 그 문서를 살펴보면 어떤 콘텐츠에 본인들이 저작권을 가지고 있는 이미지나, 영상, 폰트 등이 사용되었다는 내용이 담겨 있어요. 따라서 이런 문서를 받은 경우 우선 본인이 만든 영상, 자료 등에 상대방이 주장하는 바와 같이 저작권 위반이 발생하였는지 바로 조사에 들어가야 합니다. 만약 상대방이 저작권 침해를 주장하는 폰트, 이미지 등이 정당하게 비용을 지급하고 구매한 것이라면 이를 증빙할 수 있는 구매 내역을 준비해 두는 게 좋아요. 또한 무료 폰트, 이미지 등을 사용한 것이라면 무료 사용이 가능하다는 약관 등의 문서를 다시 한번 확인해 보세요.

② 전화 응대는 신중히

내용증명이 날아온 후 연락이 오는 경우가 있어요. 무작위로 발송되는 내용증명일 수도 있으니 섣불리 전화로 응대하기보다는 사실관계를 확인한 후 답변하는 편이 더 좋습니다. 특히 내가 사용한 적도 없는 폰트가 내 영상에 사용되었다고 하거나, 내가 활용하지 않는 편집 프로그램을 쓰고 있다고 하는 경우! 이럴 때는 무작위로 발송되는 스팸 내용증명일 확률이 매우 높으니, 이런 내용증명은 대응하지 않는 편이 낫겠죠.

③ 저작권 위반 사실이 있다면 즉시 시정 조치

무료 폰트로 알고 다운로드했으나 자세히 약관을 확인해 보니 상업적 용도로는 사용할 수 없게 되어 있거나 상업적 이용이 금지된 이미지를 막연히 사용해서 저작권을 위반하는 경우가 있어요. 이때 일단 저작권 침해 사실을 내용증명으로 통보받았다면 더 이상 해당 폰트나 이미지를 추가로 사용하는 일이 없도록 해야 함은 물론이고, 기존 영상 등을 계속 활용하기 위해서는 저작권자와 적절히 합의하는 것이 좋습니다.

④ 저작권자와 합의/민·형사소송에서의 대응

저작권 위반 사안 중에는 실제로 법적 조치를 취해 소송까지
가는 경우보다 합의로 원만하게 해결하는 경우가 훨씬 많은데
요. 적절한 사용료 지급을 통해 이전 영상에 대해서도 사용을
허락받을 수 있답니다. 합의에 이르지 못했다면 결국 민·형사
상 소송에서 일정 부분 책임을 지고 처벌과 배상을 받거나, 저
작권 위반에 대한 방어를 통해 권리를 주장해 볼 수 있습니다.

내 사진이 인터넷에 돌아다녀요

01. 범인은 잡혀도 사진은 남는다?

박사방, N번방 운영자들이 잡혀 재판을 받는다는 뉴스가 쏟아지지만, 피해자들의 고통은 주범이 잡힌 후에도 끝나지 않고 있다. 이미 피해 촬영물이 인터넷상에 공개된 이상 클라우드, 다크웹, 국외 메신저와 SNS 등을 통해 2차, 3차 유포는 너무나 손쉽게 이루어진다. 이를 완전히 삭제하기는 어렵기 때문이다. 나도 모르는 사이 내 사진, 내 영상, 나와 음란물의 합성 사진이 유포되었다면 어떤 조치를 취해야 할까?

삭제 요청 프로세스

현재 피해 촬영물 삭제 지원 업무는 여성가족부 산하 한국여성인권진흥원의 디지털성범죄피해자지원센터가 방송통신심의위원회와 경찰청과 함께 담당하고 있습니다. 디지털성범죄피해자지원센터가 신고를 받거나 자체 모니터링 작업을 통해 피해 촬영물을 찾아내는 경우, 해당 플랫폼 운영자에게 삭제를 요청하고 방송통신심의위원회에 음란 선정성 정보 차단을 요청하는 과정을 거치고 있는 것이죠.

보통 피해자가 일일이 자신의 영상을 찾아 확인한 뒤 해당 영상의 URL, 주요 키워드, 캡처 화면 등을 수집해서 신고해야 하기 때문에 이 과정에서 많은 피해자들이 **극심한 정신적 고통**을 호소하고 있습니다. 특히 피해 촬영물이 국외 사이트에 유포될 경우, 삭제의 신속성이나 피해자의 접근성이 모두 국내 사이트보다 떨어지기 때문에 삭제에 더욱 어려움을 겪고 있는 것이 안타까운 현실이에요.

여전히 사전 검열에 해당할 수 있다는 이유로 플랫폼 운영자 측은 불법 촬영과 관계없는 콘텐츠의 삭제를 최소화하려고 합니다. 이 과정에서 결국 피해자의 신고 등을 통해 불법 촬영물임이 확인되어야 삭제 조치에 대응하는 경우가 많아요. 이 때문에 플랫폼 운영자 측에서 더 적극적으로 사전 삭제 조치에 임해야 한다는 주장이 힘을 얻고 있습니다.

결국 이런 사진을 애초에 유포하지 말아야 하는 것은 물론 2차, 3차 유포가 이루어지지 않도록 **개개인의 인식** 개선이 필요해요. 각종 플랫폼 운영자들의 적극적인 사전 모니터링 시스템 구축 그리고 관련 인력의 대규모 확충을 통해 피해자가 직접 피해 영상을 찾아다니거나 삭제를 요청해야 하는 고통을 덜어줄 수 있는 제도 개선이 절실히 필요한 때입니다.

02. 합성영상물 처벌

딥페이크 기술인공지능 기반의 이미지 합성 기술을 이용해 다른 사람의 신체와 얼굴을 합성하고, 심지어 지인의 사진을 활용해 이런 합성영상물을 만들어 제작 유포하는 이른바 '지인 능욕' 영상물이 등장하기 시작했다. 특히 미성년자가 이런 합성영상물의 피해자가 되는 경우도 많을뿐더러, 가해자들은 정작 이런 행동이 엄청난 범죄라고 인식하지 못하고 있다는 점에서 사회적으로 큰 충격을 주고 있다. 합성영상물을 제작하고 유포하는 행위는 어떤 처벌을 받게 될까?

성폭력 범죄 처벌 등에 관한 특례법 적용

과거에는 별도의 처벌 규정이 없어 단순히 「정보통신망법」상 명예훼손이나 음란물 유포죄가 적용되어 상대적으로 가볍게 처벌되어 왔으나, 2020년 6월 「성폭력범죄 처벌 등에 관한 특례법」 개정으로 합성 성영상물을 제작하거나 유포하는 경우 5년 이하의 징역 또는 5천만 원 이하의 벌금형에 처해지게 됩니다. 하지만 법 개정 이후에도 여전히 왜곡된 성적 욕망을 채우거나 제작 유포를 통한 수익 등을 목적으로 합성영상물을 제작하는 범죄가 근절되지 않고 있어요. 특히 합성, 편집, 영상물 제작 유포를 여전히 심각한 범죄로 인식하지 않는 경우도 있어 대대적인 단속과 엄중한 처벌이 필요해 보입니다.

본인의 사진, 영상이 이런 합성영상물에 사용된 것을 인지한 경우 즉시 **수사기관에 신고**하고 영상 삭제 요청 등을 통해 가해자 처벌과 신속한 피해 구제를 진행해야 합니다.

에필로그

'나를 지키는 법, 너를 구하는 법.'

'이웃집 변호사'가 책 속에 담고자 한 이야기입니다.

어느 날 갑자기, 여러분 앞에 크고 작은 문제들이 우수수 떨어져 램프의 요정이라도 부르고 싶은 간절한 마음이 들 때 『법 좀 아는 언니』가 해결의 문고리가 되었으면 합니다. 문제 해결의 열쇠를 건네는 단순한 방법만이 아닌, 어려움을 풀어 가는 과정에서 여러분의 고민을 덜어 주고 위로와 격려를 나누는 공간이 되기를 바랍니다. '하늘은 스스로 돕는 자를 돕는다'는 말처럼, 당면한 문제 앞에서 답을 찾으려고 용감하게 손을 내밀기만 한다면, 그 손을 이끌어 돕겠습니다.

"별일 없겠지", "설마 무슨 일이 있겠어?"라고 가볍게 넘긴 일이 큰 문제로 번져 당황했다는 고객들의 하소연을 듣곤 합니다. 하지만 골치 아픈 법률 문제라 해도 법률 상식을 조금만 갖춘다면, 힘들지 않게 미리 대처할 수 있습니다. 나아가 전문가의 도움이 함께한다면 더 많은 선택지를 따져볼 수 있겠지요. 혹시 변호사와의 상담을 어렵게만 여겨 망설이고 있다면, 더 이상

미루지 말고 용기 내어 문을 두드려 보세요. 전문가의 진솔한 상담을 듣게 되면 문제의 반은 해결된 거나 마찬가지니까요.

저희는 판결의 망치를 두드리며 판단을 내리는 엄격한 법의 모습보다는 일상생활 속에서 흔히 만날 수 있는 친근하고 평범한 모습의 법을 소개하고 싶었습니다. 생활법률을 쉬우면서도 체계적으로 안내하여 나를 지키고 친구를 구하는 법의 온기를 전하고 싶었어요.

생활 속 법률 상식이 궁금하거나 '이웃집 변호사'의 도움이 필요한 순간, 최선을 다하는 모습으로 여러분 곁에 다가서겠습니다. 만약 전문적인 상담이 필요하다면, 저희의 또 다른 공간 '유어스 법률사무소'에서 여러분의 방문을 기다리겠습니다.

2022년 1월 여러분의 '이웃집 변호사'

김하영, 신명진, 임주혜

법 좀 아는 언니

초판인쇄 2022년 1월 14일
초판 3쇄 2023년 5월 31일

지은이 김하영 신명진 임주혜
발행인 채종준

출판총괄 박능원
편집장 지성영
책임편집 신수빈
디자인 서혜선
마케팅 문선영 · 전예리
전자책 정담자리
국제업무 채보라

브랜드 크루
주소 경기도 파주시 회동길 230(문발동)
투고문의 ksibook13@kstudy.com

발행처 한국학술정보(주)
출판신고 2003년 9월 25일 제406-2003-000012호

ISBN 979-11-6801-231-8 03360

크루는 한국학술정보(주)의 자기계발, 취미 등 실용도서 출판 브랜드입니다. 크고 넓은 세상의
이로운 정보를 모아 독자와 나눈다는 의미를 담았습니다. 오늘보다 내일 한 발짝 더 나아갈 수
있도록, 삶의 원동력이 되는 책을 만들고자 합니다.